BIBLIOTHÈQUE

FRANÇAISE.

HISTOIRE

DES

RÉVOLUTIONS

DE SUÈDE,

OU L'ON VOIT LES CHANGEMENS QUI SONT ARRIVÉS
DANS CE ROYAUME AU SUJET DE LA RELIGION
ET DU GOUVERNEMENT,

PAR VERTOT.

TOME PREMIER.

PARIS,

MÉNARD ET DESENNE, FILS.

1819.

AVERTISSEMENT.

Entre les événemens qui plaisent dans l'histoire, je n'en vois point qui méritent plus d'attention que les changemens qui arrivent dans les états au sujet de la religion ou du gouvernement; tous les particuliers s'y trouvent intéressés par ce qu'il y a de plus capable de toucher dans les hommes, l'ambition ou la conscience; chacun est animé de passions vives, tout est en mouvement, le peuple croit alors rentrer dans ce qu'il appelle ses premiers et ses plus anciens droits; il veut choisir lui-même son maître et décider de la religion; il prend parti selon qu'il est prévenu et agité, et les grands mêmes sont contraints, dans ces occasions, de le flatter pour le faire servir à leurs intérêts et à leurs desseins particuliers.

Quand l'historien est bon peintre, c'est pour le lecteur le plus beau spectacle du monde; si outre cela il est bon juge, il rend ce spectacle utile en montrant d'un côté les malheurs affreux qui accompagnent et qui suivent ces étranges révolutions, et de l'autre en exposant fidèlement le caractère des principaux acteurs qui paraissent sur le théâtre, et en rendant à ces hommes fameux toute la justice qui leur est due.

On verra dans cet ouvrage la noblesse suédoise peu unie entre elle, presque indépendante de son souverain, jalouse sur-tout de la puissance des évêques, et envieuse de leurs richesses excessives : on y verra ces prélats usurper les droits du prince, et profaner souvent la sainteté de leur caractère parmi la sédition et les armes; tout le royaume partagé entre ces deux partis; les Danois, leurs voisins, profiter de leurs divisions, se déclarer pour un de ces partis, et les accabler ensuite tous les deux; le sénat et la noblesse massa-

crés, le peuple réduit à une extrême misère ;
enfin cette monarchie ébranlée jusqu'aux fondemens, sans roi, sans sénat, sans généraux,
et sans armée, prête à devenir une malheureuse province de Danemarck, lorsqu'il paraît un prince fameux par ses exploits, et
chef de la maison qui règne aujourd'hui, qui,
par sa conduite et sa valeur, chassa les Danois de la Suède, et qui eut l'habileté de reprendre peu-à-peu toute l'autorité que le
clergé et la noblesse avaient usurpée sur les
rois ses prédécesseurs.

On verra dans cette histoire les grands biens
des évêques et du clergé, qui furent au commencement de l'église le témoignage et la récompense de leur vertu, devenir dans la suite
la cause des désordres qu'on leur reprocha,
ce qui servit de prétexte pour envahir leurs
richesses et pour les en dépouiller.

On verra enfin un royaume électif devenir
successif et héréditaire par la valeur et l'habileté d'un prince qui, de malheureux pros-

crit, parvint à la couronne et à une puissance absolue, et qui changea la forme de l'état suivant son inclination et ses intérêts.

J'avoue que j'ai été blessé du peu d'exactitude ou du manque de bonne foi de plusieurs historiens qui ont parlé des affaires de la Suède. Les uns ont déguisé la vérité, et les autres n'ont pas eu assez de soin de nous instruire ni des événemens ni des motifs des entreprises : plus ces auteurs m'ont paru se contredire, plus je me suis appliqué à les concilier ou à démêler le vrai du faux. J'ai lu avec attention les historiens (*a*) suédois, danois, allemands, et français, catholiques et protestans ; je les ai lus sans intérêt et sans passion que celle de connaître la vérité et de

(*a*) Ericus upsaliensis. Chorographia Scandinaviæ Adami Bremensis. Tumbæ veterum apud Suones Gothosque regum. Exegesis de quinque primariis Suecorum Gothorumque antiquis emporiis. Retorsio adversus Petrum Parvum. Jacobus Zieglerus testis oculatus cædis holmiensis. Huitfeld. Annales episcoporum slevencensium. Theatrum nobilitatis

l'écrire avec exactitude, et j'ai lieu d'espérer qu'on ne me reprochera point certain esprit de parti indigne de la fidélité et du désinté-ressement d'un véritable historien.

Je n'ai point loué en tout les chefs des ca-tholiques, parce qu'ils n'étaient pas louables en tout. Ils ont toujours eu le bonheur de soutenir un parti où règne la vérité ; mais eux - mêmes souvent n'en faisaient qu'une profession extérieure sans une véritable foi, et ils défendaient moins la religion que les biens et les richesses qui étaient attachés à son culte.

Je n'ai point blâmé en tout ni méprisé les chefs des protestans, parce qu'ils n'étaient pas en tout ni blâmables ni méprisables ; j'ai

Suecanæ, Messenii. Joannes Gothus magnus. Olaüs magnus. Pontanus. Saxo Grammaticus. Loccenius. Schefferus. Chytræus. Bazius. Buræus. Puffendorf. Vita archiepiscoporum upsalensium. Crantzius. Vas-torius. Meursius. Scandia illustrata Messenii. An-tiquitates Suecogothicæ Loccenii. M. de Thou. Flo-rimond de Remond. Varillas. Maimbourg.

distingué l'erreur de la malice, et j'ai respecté les grands talens et les qualités estimables que Dieu, comme auteur de la nature, avait répandus sur des personnes, qu'il n'avait pas cependant attirées pas sa grace à la connaissance de la véritable religion.

HISTOIRE

DES

RÉVOLUTIONS

DE SUEDE,

OU L'ON VOIT LES CHANGEMENS QUI SONT ARRIVÉS DANS CE ROYAUME AU SUJET DE LA RELIGION ET DU GOUVERNEMENT.

Vers le milieu du quatorzième siècle, le royaume de Suède était encore électif; et quoique les enfans et les plus proches parens du roi succédassent ordinairement à la couronne, c'était quelquefois sans égard à l'ordre de la naissance, et toujours en vertu d'une élection. Les Suédois se servaient même souvent de ce droit comme d'un titre pour déposer leurs souverains, quand ces princes donnaient atteinte à la liberté ou aux priviléges de la nation.

Le pouvoir du roi était fort borné dans ce royaume, il ne pouvait faire la guerre ni la paix ; et bien moins des levées de troupes ou d'argent, sans le consentement du sénat ou des états-généraux, lorsqu'ils étaient assemblés. Il ne lui était pas permis de faire construire de nouvelles forteresses, et il ne pouvait donner le gouvernement des anciens châteaux qu'à des Suédois naturels. Il se serait infailliblement exposé à une révolte générale, s'il avait tenté de faire entrer des troupes étrangères dans le royaume ; tout ce qui pouvait étendre ou fortifier son autorité était également suspect et odieux ; et ces peuples ne redoutaient pas moins la puissance de leur souverain, que celle de leurs voisins et de leurs ennemis.

Le domaine de la couronne ne consistait que dans quelques terres de peu d'étendue, situées proche la ville d'Upsal, et dans un tribut fort léger que les paysans payaient par tête. Sous le règne du roi Magnus Ladaslasz, en 1282, le sénat du royaume réunit au domaine du prince les mines de cuivre, la propriété des trois grands lacs Meler, Wener, et Weter, avec le droit de pêche sur les côtes de la mer Baltique, et il ordonna que ceux qui avaient acquis des terres incultes à titre de fief, ou le droit de pâturage dans les forêts, paieraient dans la suite au roi les redevances dont ils s'étaient affranchis à la faveur des guerres civiles. Comme il y avait peu de crimes punis de mort selon les lois du royaume, mais seulement par des amendes et par des confiscations, cela faisait anciennement une partie considérable du domaine ; les évêques et le clergé s'étaient emparés de ce droit, sous prétexte peut-être que ces amendes leur appartenaient comme une espèce d'expiation pour les crimes des coupables.

Les fiefs et les gouvernemens des châteaux, qui ne se donnaient d'abord qu'à vie, et même que pour un certain temps, étaient devenus insensiblement héréditaires ; la noblesse, qui en jouissait, avait cessé d'en payer les redevances, sans autre titre que sa puissance et la faiblesse du prince : les évêques et ceux du clergé qui en possédaient s'étaient pareillement exemptés de ces droits sous le prétexte toujours plausible de la religion, et que ces fiefs étaient devenus biens ecclésiastiques : enfin le domaine du prince était si diminué par les différentes usurpations du clergé et de la noblesse, qu'à peine suffisait-il, en ce temps-là, pour entretenir cinq cents chevaux. Le roi n'était presque considéré que comme le capitaine général de l'état pendant la guerre, et le président du sénat dans la paix : la guerre augmentait son autorité, sur-tout s'il était heureux contre les ennemis de la nation ; mais dans la paix on ne lui laissait que le pouvoir de convoquer les états, de proposer les affaires, et d'exécuter les décrets publics.

Le sénat avait presque toute l'autorité ; il était ordinairement composé de douze seigneurs, la plupart gouverneurs de province, ou qui avaient les premières charges de l'état. Ces seigneurs se rendaient à Stockholm, capitale du royaume, et auprès du roi quand il arrivait quelque affaire d'importance : l'archevêque d'Upsal, primat de la Suède, était sénateur né ; les six autres évêques (*a*) de ce royaume avaient, à la vérité, beaucoup de

(*a*) Linkioping, Strengnàz, Westeràhs, Skara, Abo, Wexiô.

pouvoir et une grande considération dans les états-généraux, mais ils n'entraient cependant dans le sénat que par la nomination du roi, ou par le choix des états dans un interrègne. La dignité de sénateur n'était point héréditaire : quand il y avait quelque place vacante dans le sénat le roi choisissait, parmi les évêques et les principaux seigneurs de la nation, une personne qui lui fût agréable pour la remplir. Le prince, par ce droit, pouvait faire entrer ses amis et ses créatures dans le sénat ; mais il était souvent trompé dans son choix, il perdait ses amis en les faisant sénateurs ; cette dignité les éloignait de ses intérêts à proportion qu'elle les rapprochait de sa puissance et de son autorité : d'ailleurs l'amour pour la liberté, et l'attachement pour les priviléges de la nation, prévalaient souvent en ce temps-là dans l'esprit d'un Suédois sur tous ses autres engagemens.

Le sénat, qui dans sa première institution n'était établi que pour servir de conseil au roi, portait alors son autorité jusque sur la conduite du prince : le premier sénateur prétendait être en droit de l'avertir quand il passait les bornes de son pouvoir ; les Suédois

regardaient les sénateurs comme les protec-
teurs de la liberté et des priviléges de la nation : c'était proprement dans ce corps que
résidaient la toute-puissance et la majesté de
l'état; le sénat rendait souverainement la justice, décidait de la guerre ou de la paix, conjointement, à la vérité, avec le roi, qui n'é-
tait cependant souvent que le ministre de leurs
résolutions.

Le clergé possédait lui seul plus de biens
que le roi, et même que tous les autres états
du royaume ensemble; l'archevêque d'Upsal
et les six évêques ses suffragans soutenaient
leur dignité avec tout l'éclat que donnent de
grandes richesses; ils étaient la plupart seigneurs temporels de leurs villes épiscopales.
Outre les biens attachés à leurs évêchés, qui
consistaient en des seigneuries considérables,
ils s'étaient encore rendus maîtres, chacun
dans leurs diocèses, de la succession de tous
les ecclésiastiques qui mouraient sans faire de
testament; ce qui par la suite des temps avait
extrêmement augmenté leur revenu; ils jonis-
saient des droits d'amende et de confiscation
qui appartenaient anciennement au domaine
du prince. Ils avaient acquis insensiblement

par des fondations et legs pieux plusieurs fiefs
de la couronne : le domaine du clergé pouvait
bien augmenter par des donations, mais jamais diminuer par des ventes ni par des alié-
nations; les lois les défendaient expressément,
et ces lois étaient aussi contraires aux séculiers qu'elles étaient utiles à l'agrandissement
du clergé.

Les évêques surent si bien se prévaloir dans
les élections du crédit qu'ils avaient parmi le
peuple, et du besoin qu'on avait de leurs suffrages, qu'ils obtinrent dans ces conjonc-
tures plusieurs priviléges, qui diminuèrent
beaucoup dans la suite le domaine et l'autorité du prince : ils exigeaient du roi, avant que
de le reconnaître pour souverain, et ils l'o-
bligeaient de jurer, avant que de faire la cérémonie de son couronnement, qu'il les conserverait inviolablement dans la possession
de leurs droits et de leurs priviléges ; qu'il
n'entreprendrait jamais de mettre garnison
dans leurs châteaux et leurs forteresses ; qu'il
ne réunirait point à son domaine les terres,
ni les fiefs dont ils jouissaient, de quelque
manière qu'ils les eussent acquis ; et ils enga-
geaient en même temps ce prince à signer

qu'il consentait à sa déposition, s'il violait leurs priviléges et son serment.

Ces prélats, fiers de leurs richesses et du nombre de leurs vassaux, s'érigèrent insensiblement en petits souverains : ils firent fortifier leurs châteaux ; ils y entretenaient garnison en tout temps ; ils ne marchaient jamais qu'accompagnés d'un nombre considérable de cavaliers et de gens de guerre ; on les voyait à la tête de toutes les brigues et de tous les partis. Des différens au sujet de leurs vassaux, ou pour les limites de leurs seigneuries, leur faisaient prendre souvent les armes contre leurs voisins ; quelquefois même ils paraissaient à la tête des troupes contre le roi, surtout quand ils soupçonnaient qu'il voulait rentrer dans ses droits et dans les terres du domaine et de la couronne.

Les seigneurs et les gentilshommes retirés dans leurs châteaux en faisaient de petites forteresses, et comme le siége de leur domination : ils se servaient de leurs vassaux comme de domestiques sans gages, pour cultiver les terres, et souvent même ils les armaient pour faire des courses sur leurs voisins : on ne connaissait point encore en Suède, parmi la noblesse, les titres de baron, de comte, de marquis, ni les noms héréditaires dans les maisons; on n'était connu que par les armes de sa famille, et par le nom de son père, que l'on portait conjointement avec le sien (*a*): on n'était distingué que par sa valeur, et par le nombre des vassaux que l'on pouvait mener à la guerre. Les gentilshommes défendaient leurs intérêts, et vengeaient les torts qu'ils avaient reçus par les armes; on ne connaissait guère la justice des lois, parce qu'il n'y avait point de puissance dans l'état capable de les faire observer; la force décidait presque de tout, et tenait lieu de droit et de justice.

Les bourgeois de Stockholm et les habitans des autres villes maritimes qui ne subsistaient que par le commerce, avaient plus de soumission et d'attachement pour le roi; les marchands sur-tout, rebutés d'une liberté tumultueuse, et qui les exposait toujours à l'invasion du plus fort, auraient volontiers consenti que le prince eût pris toute l'autorité nécessaire pour rétablir la tranquillité, et pour faire fleurir le commerce; mais le petit nombre de villes qu'il y avait en Suède faisait

(*a*) *Gustave Ericson*, Gustave, fils d'Eric.

que les députés des bourgeois avaient peu d'autorité et de considération dans les diètes.

Les paysans, au contraire, qui dans ce royaume ont le privilége particulier d'envoyer des députés de leur corps aux états, suivaient aveuglément les mouvemens de leurs seigneurs, et défendaient toujours avec opiniâtreté la liberté et les priviléges de leurs provinces. Dans les cantons fertiles ils s'occupaient au labourage, mais dans le Helsingland, le Cuestricland, l'Angermeland, et les autres provinces qui tirent vers le nord, ils passaient leur vie à la chasse des bêtes fauves, dont la chair leur servait de nourriture, et les pelleteries pour payer les tributs au prince : c'étaient des gens sauvages, la plupart élevés dans les bois, jaloux de leurs coutumes, et, comme ils avaient peu à perdre, toujours prêts sur le moindre prétexte à prendre les armes et à se révolter. L'idolâtrie régnait encore dans quelques-uns de leurs villages ; les autres suivaient à la vérité la loi chrétienne, mais si défigurée par le mélange de leurs anciennes superstitions, qu'ils n'avaient guères que le nom de chrétiens.

Les paysans formaient le corps de l'état le

plus nombreux et le plus puissant : les uns relevaient immédiatement du roi, et envoyaient des députés aux diètes ; les autres appartenaient au clergé ou à la noblesse : ils ne payaient les uns ni les autres qu'un léger tribut au prince, souvent même il fallait, pour ainsi dire, leur faire la guerre, et envoyer des troupes jusque dans leurs forêts et sur leurs montagnes, pour appuyer ceux qui levaient ces droits. Ils ne voulaient presque contribuer au bien de l'état qu'en marchant à la guerre, encore prétendaient-ils n'y être obligés que pour défendre chacun leurs frontières, et ils ne voulaient même combattre que sous les chefs qu'ils se choisissaient eux-mêmes.

Du reste ils vivaient presque sans aucune dépendance de la cour, et même sans aucune union entre eux, également incapables de société et de soumission, et plutôt farouches et indociles que libres.

Tant d'indépendance dans des sujets, une autorité si bornée dans le souverain, si peu d'union entre les différens ordres de l'état, tout cela avait été cause que ce royaume n'avait presque jamais été sans quelque révolte et sans guerres civiles. La plupart des rois de Suède aspirèrent à une autorité plus absolue ; quelques-uns de ces princes, appuyés de leurs amis et de leurs créatures, tentèrent de se rendre maîtres du gouvernement, et indépendans du sénat ; mais les Suédois se révoltèrent autant de fois que leurs souverains donnèrent atteinte à la liberté et aux priviléges de la nation ; dans ces occasions l'ombre et la moindre apparence du pouvoir arbitraire faisait prendre les armes, et réunissait tous les états contre le roi.

Les évêques appréhendaient un prince trop puissant, qui eût voulu rentrer dans son domaine, et qui les eût peut-être renfermés dans les bornes de leur profession : la noblesse armait de son côté pour défendre des priviléges qui lui procuraient une espèce d'indépendance ; et les paysans, sans trop connaître leurs intérêts, combattaient avec opiniâtreté pour conserver des coutumes peu utiles à l'état, mais conformes à leur naturel sauvage. On ne voyait dans tout ce royaume que séditions, que ravages, et que révoltes : il semblait que la destinée des rois de Suède fût entre les mains de leurs sujets, et qu'elle dépendît de leur caprice : ils chassèrent plusieurs de ces princes qui avaient tenté de s'emparer du pouvoir absolu.

La jalousie entre les premières maisons du pays ne leur permettant pas de vivre long-temps sans souverain, ils résolurent de conserver toujours la dignité de roi, mais ils convinrent de ne la donner qu'à des princes étrangers, afin que se trouvant dans le royaume sans domaine particulier, sans alliances, et sans créatures, ils en fussent moins puissans, et qu'ils n'eussent d'autorité que celle qu'ils voudraient bien leur laisser.

Vers l'an mil trois cent soixante-trois, Magnus Smeck régnait en Suède ; il avait eu de la reine Blanche, sa femme, fille d'un comte de Namur, deux enfans, Eric et Haquin : l'aîné de ces princes était mort, et les peuples de Norwège avaient déféré leur couronne à Haquin. Le roi son père lui avait fait épouser Marguerite, fille de Waldemar, quatrième du nom, roi de Danemarck. Magnus, assuré des Norwégiens, et fortifié par l'alliance des Danois, entreprit de se rendre absolu dans la Suède, et d'abolir entièrement le sénat de ce royaume. Peut-être que ces trois princes avaient formé la même résolution, et qu'ils voulaient se défaire chacun dans leurs états d'un corps redoutable, et toujours en garde contre leur autorité. Les Suédois ayant pénétré ce dessein et leur intelligence, prirent les armes ; la Suède devint le théâtre d'une guerre sanglante. Waldemar pendant sa vie assista puissamment le roi de Suède son allié. Haquin de son côté amena un secours considérable au roi son père ; les Suédois seuls, mais toujours assez forts quand ils combattaient pour la défense de leur liberté, défirent en plusieurs occasions les troupes de ces trois princes : ils chassèrent enfin Magnus de la Suède, et ils regardèrent la liberté où ils se trouvaient de se choisir un nouveau souverain, comme le plus doux fruit de leur victoire (a). Ils élurent aussitôt pour roi le prince Albert, second fils du duc de Meklenbourg, et neveu du roi Magnus, sans avoir égard dans l'élection ni au roi Haquin, ni à Henri, frère aîné d'Albert, qui leur étaient suspects et odieux par l'attachement qu'ils avaient fait paraître pour le prince qu'ils venaient de détrôner.

Albert ne devait la couronne de Suède qu'à

(a) An 1365.

l'humeur impatiente des Suédois, qui ne pouvaient souffrir une domination trop absolue.
Ce prince était entré dans leurs intérêts pour
régner : il ne se vit pas plutôt affermi sur le
trône qu'il y prit les maximes de ses prédécesseurs ; il chercha avec application les
moyens de parvenir à une autorité absolue.

Le sénat lui était suspect et odieux ; l'exemple du roi Magnus ne lui permettait pas de
songer à l'abolir, et il espérait encore moins
de réduire ni de gagner des seigneurs riches
et puissans, qui se regardaient plutôt comme
les tuteurs des rois que comme les conseillers
du prince. Albert, pour balancer leur autorité, appela auprès de lui quelques-uns des
princes de sa maison, et plusieurs seigneurs
et capitaines allemands : il leur confia le commandement des troupes et des principales
forteresses du royaume ; il fit même entrer
dans le sénat quelques-uns de ces seigneurs
étrangers contre les lois fondamentales de l'é-
tat : il fit venir en Suède, sous différens prétextes, un nombre considérable de troupes
étrangères, qui commencèrent à le rendre redoutable à ses propres sujets ; il mit ensuite
des impôts extraordinaires sur le peuple, afin

d'en tirer l'argent nécessaire pour la solde de
ces étrangers ; mais cette politique, qui n'a-
vait pour objet que l'établissement de son autorité, étant poussée trop loin, ne servit qu'à
la détruire ; les Suédois, jaloux de leurs priviléges, et peu accoutumés à une domination
si dure, résolurent de le déposer.

Marguerite, fille de Waldemar, roi de Danemarck, et veuve de Haquin, roi de Norwége, régnait en même temps dans ces deux
royaumes ; le roi son mari n'avait survécu
que peu d'années à la défaite et à l'abdication
du roi Magnus son père (a). Les états de Norwége déférèrent à la reine Marguerite la régence du royaume, et la tutelle du prince
Olaüs, son fils : cette princesse se rendit si
puissante et si absolue pendant son administration, que, le jeune prince Olaüs étant venu
à mourir, les Norwégiens s'aperçurent qu'ils
n'avaient pas la liberté de faire un nouveau
choix.

La reine était maîtresse des troupes et des
places fortes, les principaux seigneurs du
royaume étaient dans ses intérêts, et ceux
qui n'étaient pas gagnés n'osaient montrer ni

(a) An 1374.

mécontentement, ni indifférence dans une conjoncture où ils se trouvaient trop faibles pour faire paraître leurs sentimens avec sûreté. Marguerite fut élue dans les états pour souveraine (a); elle quitta la qualité de régente pour reprendre celle de reine de son chef, après en avoir porté le titre comme femme du roi Haquin.

Le roi Waldemar son père étant mort dans la même année sans laisser de prince de son sang sur qui le choix des Danois pût tomber, la reine Marguerite envoya des députés aux états-généraux du royaume pour y solliciter son élection : elle avait pour concurrens Henri de Meklenbourg, frère aîné d'Albert, roi de Suède, et qui avait épousé la princesse Ingelburge, sa sœur aînée. Le prince Henri se flattait qu'avec la qualité de gendre du roi défunt, il emporterait aisément la couronne sur une femme ; mais les agens de Marguerite surent si bien faire valoir le mérite, et peut-être l'argent de cette reine, qu'ils obtinrent en sa faveur tous les suffrages de l'assemblée. Elle fut proclamée dans les états reine de Danemarck, et quitta aussitôt la Norwége pour

(a) An 1375.

se rendre à Copenhague, où elle établit le siége de son empire et de sa domination.

Cette princesse, qu'on a appelée la Sémiramis du nord, joignait à l'ambition ordinaire à son sexe une habileté et une suite de desseins qu'on n'a pas coutume d'y trouver. Elle aimait les plaisirs, la grandeur, et la magnificence, mais elle les aimait en reine : elle n'était véritablement sensible qu'à sa gloire, et qu'à la passion d'étendre les bornes de son empire, et d'augmenter sa puissance.

Elle aperçut avec un plaisir secret le mécontentement des Suédois ; elle s'appliqua à se faire des créatures parmi les principaux de la nation : ceux qui étaient maltraités par le roi Albert trouvaient à sa cour des pensions et une retraite honorable ; elle témoigna même assez hautement qu'elle blâmait les entreprises qu'il faisait sur la liberté et les priviléges des Suédois. Ce prince mettait tous les jours de nouveaux impôts sans la participation des états ni du sénat ; il avait tiré des sommes considérables du clergé par forme d'emprunt ; mais rien ne le rendit plus odieux aux évêques et à la noblesse que la réunion qu'il fit à son domaine de la troisième partie des fiefs dont le clergé et les gentilshommes étaient en possession depuis long-temps.

Cette réunion fut le signal de la révolte; tous les Suédois conspirèrent contre lui; ils résolurent de le chasser du royaume, et ils jetèrent les yeux sur la reine Marguerite pour lui offrir leur couronne. Ils espéraient que cette princesse, occupée dans le royaume de Danemarck, se contenterait presque du titre de reine de Suède, et ils se flattaient d'ailleurs que si elle entreprenait de porter trop loin son autorité, les Danois et les Norwégiens agiraient toujours de concert avec eux pour tenir leur souveraine dans la dépendance des états et du sénat de chaque royaume.

Dans cette vue ils lui députèrent secrètement quelques seigneurs des plus considérables du royaume pour lui offrir la couronne. La reine en reçut la proposition avec joie; l'antipathie entre les deux nations était aussi ancienne pour ainsi dire que l'établissement de ces deux royaumes; cette haine ordinaire entre des états voisins avait produit des guerres presque continuelles, et qui avaient été souvent funestes au Danemarck : l'élection de la reine assurait le repos des Danois; cette habile princesse l'envisagea même comme un moyen de réunir un jour la Suède au Danemarck ; ces motifs la firent résoudre d'accepter les propositions des mécontens : elle convint avec leurs députés que la noblesse prendrait les armes ; qu'on signifierait au roi Albert sa déposition ; que l'armée et les états la reconnaîtraient publiquement pour souveraine, et qu'en conséquence de son élection elle ferait entrer en Suède un corps considérable de troupes pour les soutenir.

(a) Ce traité ayant été signé, les Suédois armèrent aussitôt contre le roi ; ils lui firent signifier par un héraut qu'ils renonçaient à l'obéissance qu'ils lui avaient jurée, et ils proclamèrent en même temps dans leur camp Marguerite de Waldemar pour reine de Suède. Cette princesse fit avancer son armée au secours des mécontens ; leurs troupes se joignirent, et ils marchèrent vers la Gothie occidentale, où le roi Albert assemblait son armée. Ce prince n'oublia rien pour résister à ses ennemis ; il assembla un corps considérable de troupes, il appela à son secours des princes allemands qui étaient de sa maison et dans son alliance ; il engagea même aux chevaliers de

(a) An 1385.

l'ordre teutonique l'île de Gotland pour vingt mille nobles à la rose , monnaie d'Angleterre , afin d'avoir de l'argent pour fournir aux frais de la guerre. Les deux armées ennemies se rencontrèrent proche Falkioping ; les troupes du roi Albert furent défaites, et il eut même le malheur de tomber entre les mains de ses ennemis avec le prince Eric son fils , et les principaux seigneurs de son parti.

Les princes de la maison de Meklenbourg et Gerard, comte d'Holsace , remirent sur pied de nouvelles troupes en faveur de ce malheureux prince, et ils tirèrent des secours considérables des villes anséatiques, jalouses et inquiètes de la puissance de la reine et du progrès de ses armes. La Suède fut en proie à tant de nations différentes , qui semblaient ne s'accorder que dans le dessein de ruiner ce royaume , sans que les Suédois pussent distinguer dans ces malheureux temps leurs amis de leurs ennemis. Il y eut beaucoup de sang répandu pendant près de sept ans que dura cette guerre. Enfin les deux partis étant également épuisés , et les forces manquant plutôt que l'animosité, la paix se fit (a) ; le roi Al-

(a) An 1392.

bert fut contraint de renoncer à sa couronne pour recouvrer sa liberté. Ce prince se retira dans son pays de Meklenbourg, et la reine fut solennellement reconnue pour souveraine de la Suède et des deux autres royaumes du nord.

Les Suédois voyant cette princesse sans enfans, et craignant qu'après sa mort le roi Albert ou le prince son fils ne fissent revivre leurs prétentions, la prièrent d'assurer le bonheur de la Suède par un mariage avantageux : la reine n'écouta cette proposition qu'avec chagrin : jalouse de la souveraine puissance, elle ne pouvait se résoudre à la partager avec un mari : cependant, pour satisfaire aux prières des Suédois, elle fit dessein de se désigner un successeur, mais elle résolut en même temps de le choisir si jeune, que ce prince par l'impatience de régner ne fût pas en état de troubler la douceur de son gouvernement. Dans cette vue elle appela auprès d'elle son petit-neveu, fils de Wartislas VIIe du nom, et de Marie de Meklenbourg, qui était fille de Henri de Meklenbourg et d'Ingelburge, sa sœur : ce jeune prince s'appelait Henri ; la reine lui changea ce nom en celui d'Eric, que douze rois de Suède avaient déjà porté ; elle résolut de l'élever à sa cour, et de faire passer sur sa tête les trois couronnes du nord.

La forme du gouvernement était presque semblable dans ces trois royaumes ; ils étaient tous trois électifs ; chacun avait son sénat ; et le prince ne pouvait, sans sa participation ou sans le consentement des états-généraux, entreprendre aucune affaire d'importance. La reine prit quelque temps pour se faire des créatures , et pour s'assurer des principaux de chaque nation : elle convoqua ensuite les états-généraux de ces trois royaumes à Calmar en Suède, pour travailler à faire une loi fondamentale de l'union des trois royaumes sous un même monarque ; quarante députés de chaque nation se rendirent dans l'assemblée.

La reine, en leur présentant le jeune duc de Poméranie, les pria de l'agréer pour son successeur : elle leur représenta avec beaucoup de grace et d'éloquence l'avantage qu'ils tireraient de n'avoir qu'un même souverain : elle leur dit qu'ils n'ignoraient pas que son élection avait terminé tout d'un coup les dif-

férens qu'ils avaient entre eux, et qui nais-
sent continuellement entre des états puissans
et voisins ; qu'ils seraient maîtres à l'avenir
de tout le commerce de la mer Baltique, et
que les villes anséatiques ne pourraient plus
profiter de leurs divisions ; elle ajouta que
pour rendre cette union plus solide, il était
à propos d'en faire une loi solennelle qui fît
de ces trois royaumes une seule monarchie.

La présence de cette princesse, son discours plein de solidité, l'applaudissement et
le crédit de ses créatures, lui gagnèrent les
suffrages de tous les députés. Les états con-
sentirent unanimement à l'élection du duc de
Poméranie, et à l'union des trois royaumes
du nord en faveur de ce prince et de ses successeurs ; on en fit une loi fondamentale, qui
fut reçue par les trois nations, et qui fut con-
firmée par les sermens les plus solennels.

(*a*) Cette loi si célèbre dans le nord, et
qu'on appela l'union de Calmar, fut dans la
suite le fondement et l'origine des guerres
qui ont duré plus d'un siècle entre la Suède
et le Danemarck : elle consistait en trois principaux articles, qui semblaient avoir été éta-

(*a*) An 1395.

blis et arrêtés pour la sûreté et l'indépendance de chaque nation. Le premier article, que ces trois royaumes, qui étaient naturellement électifs, n'auraient dans la suite que le même roi, qui serait cependant élu tour-à-tour dans les trois royaumes, sans que la dignité royale pût être affectée à aucun par préférence aux autres, à moins que le prince n'eût des enfans ou des parens que les trois états assemblés jugeassent dignes de lui succéder. Le second article consistait dans l'obligation que le souverain avait de partager tour-à-tour sa résidence dans les trois royaumes, et de consommer dans chacun le revenu de chaque couronne, sans en pouvoir transporter ailleurs les deniers, ni les employer que pour l'utilité particulière de l'état d'où ils seraient tirés. Et le troisième et le plus important, que chaque royaume conserverait son sénat, ses lois, ses coutumes, et ses priviléges ; et que les gouverneurs, les magistrats, les généraux, les évêques, et même les troupes et les garnisons, seraient pris de chaque pays, sans qu'il pût être jamais permis au roi de se servir d'étrangers, ni des sujets de ses autres royaumes, qui seraient réputés pour étrangers dans le gouvernement de l'état où ils ne seraient pas nés.

Les Suédois se flattaient d'avoir tellement borné par ce traité l'autorité de leurs souverains, qu'il leur semblait que ces princes ne seraient jamais en état d'entreprendre sur leur liberté, mais ils ne furent pas long-temps sans s'apercevoir combien ils s'étaient trompés dans leurs vues. La reine était trop puissante pour se contenter d'une autorité si bornée. A peine cette princesse eut été reconnue en Suède qu'elle travailla avec application à s'y rendre absolue ; elle s'empara peu-à-peu des principales forteresses, qu'elle tira habilement des mains des gentilshommes par des échanges plus utiles pour leurs familles, mais moins sûrs, et plus dépendans de la cour : elle donna la plupart des gouvernemens vacans à des seigneurs danois, contre le traité exprès de Calmar, et elle éloigna insensiblement la noblesse suédoise de toutes les charges et de toutes les dignités considérables de l'état : il n'y eut qu'Abraham Bronerson qui obtint d'elle le gouvernement de l'Hallandie ; c'était un jeune seigneur suédois de bonne mine et parfaitement bien fait, qui possédait seul alors sa confiance; mais cette distinction en faveur d'un jeune gentilhomme, qui n'avait pour mérite que les agrémens de sa personne, fournit un nouveau prétexte aux mécontens pour médire de la conduite de la reine, et pour se plaindre du gouvernement. Ils allèrent la trouver en corps pour lui représenter les titres de leurs priviléges, et la copie du traité de Calmar, dont l'infraction était le sujet de leurs plaintes. La reine se trouvant maîtresse de l'état, leur répondit en raillant qu'ils conservassent soigneusement ces titres, comme elle saurait bien garder toutes les forteresses du royaume. Cette habile et impérieuse princesse régna depuis avec une autorité absolue : elle mit de nouneaux impôts inconnus jusqu'alors dans la Suède, et elle prétendait affermir sa domination en tenant la noblesse éloignée des affaires, et en rendant peu-à-peu le peuple si pauvre, qu'il n'eût pas la force de tenter aucun changement.

Mais comme ces moyens étaient encore trop faibles pour contenir une nation accoutumée à une liberté excessive, et toujours prête à se révolter, cette princesse travailla à se faire des créatures, et à former un parti dans le royaume qui fût capable de s'opposer aux révoltes et de maintenir son autorité. Elle jeta les yeux sur le clergé, puissant par ses grands biens et par le nombre de ses vassaux, mais sur-tout considérable par le crédit que la religion donne sur l'esprit des peuples : la reine fit de grands biens à toutes les églises de Suède ; elle augmenta le pouvoir et confirma tous les priviléges des évêques : elle donna même ensuite beaucoup de part dans le gouvernement à ces prélats, afin de les intéresser par leur propre grandeur à la conservation de l'autorité royale.

Les évêques, gagnés par des graces si pleines de distinction, se dévouèrent aux intérêts de la cour ; et les ecclésiastiques du second ordre suivirent le même parti, tant par la dépendance où ils étaient de leurs supérieurs, que parce que la protection de la cour et la recommandation de la reine auprès des chapitres, était le moyen le plus sûr pour parvenir à l'épiscopat. Les seigneurs et les gentilshommes, déjà jaloux des grands biens et de la puissance du clergé, n'aperçurent qu'avec beaucoup de chagrin la nouvelle autorité des évêques ; ils n'osèrent cependant éclater du vivant de la reine : cette princesse, aussi habile que puissante, avait des créatures secrètes et cachées parmi les mécontens, qui l'avertissaient de leurs résolutions, et qui rompaient toutes les mesures qu'ils eussent pu prendre pour secouer le joug de sa domination.

Après sa mort, le roi Eric succéda à ces trois couronnes, mais il n'hérita ni de sa puissance ni de son habileté. Il se retira en Danemarck, d'où il envoya des gouverneurs en Suède, qui traitaient les peuples de ce royaume plutôt comme des ennemis désarmés que comme les sujets naturels de leur prince ; on les accabla d'impôts, et on remplit le royaume de troupes qui pillaient impunément les provinces : les soldats danois ajoutaient la raillerie et l'insulte aux violences ; leurs officiers dissimulaient ces désordres, soit qu'ils tirassent contribution du pillage de leurs soldats, ou qu'ils eussent des ordres secrets de les souffrir. Les plaintes des malheureux ne pénétraient point jusqu'au prince, ou étaient rejetées avec mépris : les Suédois, ne pouvant espérer de fin ni d'adoucissement à leurs mi-

sères que dans le changement de l'état, son-
gèrent à s'affranchir d'une domination qui
leur avait paru injuste dès son commencement, et qui était devenue tyrannique et insupportable.

(*a*) Engelbrecth, gentilhomme de la province de Dalécarlie, touché des malheurs de
son pays, prit les armes le premier, et fit soulever les paysans de son canton : c'étaient des
peuples qui habitaient vers le nord de la
Suède, gens simples et grossiers, affectionnés au prince et à la patrie, mais jaloux de
leurs priviléges, et ennemis de l'oppression.
Engelbrecth marcha à leur tête contre les Danois ; il tailla en pièces les premières troupes
qui voulurent s'opposer à son entreprise ; le
succès de ses armes attira sous ses enseignes
une foule de paysans des provinces voisines :
la noblesse de Westmanie et de Néricie se joignit à lui ; il passa dans l'Uplandie, dont il se
rendit maître : il fit révolter toutes ces provinces par sa présence ; il abolit les impôts
que le roi Eric avait établis, et il fit raser toutes les nouvelles forteresses que ce prince ou
ses prédécesseurs avaient fait construire pour

(*a*) An 1434.

fortifier leur autorité. Les sénateurs du royaume reconnaissaient encore le roi Eric : ils s'assemblèrent à Vadestena pour donner ordre à ces mouvemens. Engelbrecth s'y rendit en diligence à la tête de mille paysans ; il entra dans l'assemblée tout armé ; il représenta l'injustice et la dureté de la domination danoise, et il jura qu'il poignarderait le premier qui s'opposerait au salut et à la liberté de la patrie. Ce discours hardi et violent effraya tellement les sénateurs, qu'il en obtint sans peine un acte par lequel ils renonçaient à l'obéissance qu'ils avaient jurée au roi Eric.

Charles Canutson, grand-maréchal de Suède, et gouverneur de Finlandie, se conforma à la délibération du sénat : ce seigneur était de l'illustre maison de Bonde, qui compte plusieurs rois de Suède. (*a*) parmi ses ancêtres ; il vit avec joie sa patrie en état d'être bientôt délivrée de la domination danoise ; mais il souffrait impatiemment que toute la gloire en revînt à un simple gentilhomme tel qu'Engelbrecth, et il craignit même que dans l'affection que les paysans lui portaient, ils ne disposassent en sa faveur d'un royaume

(*a*) Canut, Eric XI.

1. 4

qu'ils avaient presque conquis entièrement
sous sa conduite : il se joignit habilement à
ses troupes et à son parti, afin de s'en rendre
le chef et le maître ; et il obtint sans peine
un pouvoir qui était dû à sa naissance et à sa
dignité.

Ce seigneur profita de la mésintelligence
qui était alors entre le roi Eric et les Danois.
Ce prince, se voyant souverain de trois grands
royaumes, crut que sa puissance le mettait
au-dessus des lois et des priviléges de ces nations : il traitait les Danois et les Norwégiens
peu différemment des Suédois : il prétendait
régner d'une manière toute despotique et sans
égards pour des gens qui voulaient bien être
ses sujets, mais qui ne pouvaient souffrir
d'être traités en esclaves.

Une domination si tyrannique fit soulever
les trois royaumes contre lui, sans qu'il lui
restât des sujets fidèles et qu'il pût opposer
aux révoltés. Les Danois le forcèrent d'abandonner le royaume, et ils déférèrent leur couronne à Christophe de Bavière, son neveu (a).
Ce prince ne fut pas plutôt sur le trône de
Danemarck qu'il demanda aux états de Suède

_____

(a) An 1439.

et de Norwége d'être reconnu pour leur souverain, suivant le traité de Calmar. Les Norwégiens s'y soumirent : le grand-maréchal de
Suède et les principaux de la noblesse auraient bien voulu s'en défendre : ils représentèrent aux états du royaume que l'élection de
ce prince devait être rejetée, puisque les
Danois y avaient procédé sans la participation de leurs alliés ; mais les évêques et le
clergé sollicitèrent si puissamment dans les
états en faveur de ce prince, qu'il fut enfin
résolu de le reconnaître.

Son règne ne fut pas plus heureux pour la
Suède que celui de ses prédécesseurs : il sui-
vit leurs maximes ; il s'attacha au Danemarck ;
et n'oublia rien pour assujettir la Suède à ce
royaume. La mort prévint ses desseins : les
Danois mirent en sa place Christiern, premier comte d'Oldenbourg, chef de la maison
qui règne aujourd'hui en Danemarck ; et les
Danois firent cette élection sans y appeler encore ni les Suédois ni les Norwégiens. Ce
prince prétendait cependant, à l'exemple de
son prédécesseur, que l'élection des Danois
fût un titre qui lui assurât en même temps les
couronnes de Suède et de Norwége ; mais il

trouva en son chemin le grand-maréchal Ca-nutson , qui traversa ses desseins et s'y op-posa courageusement.

Ce seigneur , depuis la révolte d'Engel-brecth, s'était aperçu que les Suédois étaient dégoûtés de la domination étrangère ; dès ce temps-là il aspira secrètement à la couronne, et il forma le plan de son élévation. Sa charge de grand-maréchal le rendait maître des trou-pes et des milices : il commandait dans une grande province , et il était le plus riche sei-gneur du royaume. Les états étant assemblés à Stockholm, le grand-maréchal s'y rendit à la tête d'un si grand nombre de gentilshommes et de seigneurs de Finlandie , qu'on ne douta pas qu'il ne fût maître de l'élection : il repré-senta à l'assemblée combien le traité de Cal-mar était préjudiciable à tout le royaume ; que la reine Marguerite et les rois ses succes-seurs ne s'en étaient servis que pour les assu-jettir à leur couronne, et que les Danois les traitaient moins comme des alliés que comme des esclaves, puisqu'ils se réservaient le pou-voir de leur donner un souverain sans les ap-peler à son élection ; mais que les Suédois méritaient d'en être traités encore plus indi-

gnement s'ils ne rompaient un traité si hon-
teux à toute la nation.

Ce discours réveilla la haine et l'antipathie
des Suédois contre la domination danoise; on
se souvenait des mauvais traitemens et de la
tyrannie du roi Eric; chacun se reprochait la
faiblesse d'avoir consenti à l'élection du prince
de Bavière : on rejeta hautement celle d'un
comte d'Oldenbourg, et les états déférèrent
la couronne (a) au grand-maréchal , comme
une récompense du zèle qu'il avait toujours
fait paraître pour les intérêts de sa patrie. Ce
prince eut le crédit et l'habileté en même
temps de se faire élire pour roi de Norwége.
Il passa dans ce royaume, il fut couronné à
Drontheim, et il confia le gouvernement de
l'état à deux seigneurs des principaux du
royaume.

Les évêques de Suède étaient devenus partisans de la couronne de Danemarck depuis
que la reine Marguerite les avait préférés à la
noblesse dans le gouvernement du royaume:
ces prélats n'avaient consenti à l'élection du
grand-maréchal que parce qu'ils ne s'étaient
pas trouvés en état de s'y opposer; ils souf-

(a) An 1448.

4*

fraient même impatiemment qu'il se rendît si puissant. Ce prince aperçut qu'ils étaient mécontens, et il reconnut qu'ils ne l'étaient que parce qu'il régnait sans leur faire part du gouvernement. Il était de son intérêt de les gagner; il tint une conduite opposée; il se crut assez puissant pour n'avoir rien à en craindre : il entreprit même de les abaisser et de diminuer ces grands biens dont ils jouissaient avec tant de faste, et qui ne servaient qu'à les rendre redoutables à leur souverain (a). Il ordonna conjointement avec le sénat qu'on ferait une recherche exacte de tous les droits de la couronne, et des biens du domaine que le clergé avait usurpés, et il défendit qu'on fît à l'avenir aucunes fondations, sous prétexte que les ecclésiastiques et les moines s'emparaient insensiblement de tous les biens de l'état.

Cette déclaration du roi irrita au dernier point les évêques et tout le clergé du royaume : ils traitèrent publiquement ce prince d'hérétique, et ils n'oublièrent rien pour faire regarder cette entreprise sur leur temporel comme un attentat fait contre la religion ; ils

(a) An 1452.

résolurent de se révolter contre le roi, et ils engagèrent dans cette conspiration leurs parens, leurs vassaux, et leurs créatures. Jean de Salstat, archevêque d'Upsal, de l'illustre maison de Bielke, dépêcha secrètement un gentilhomme à Christiern Ier, roi de Danemarck, pour l'exhorter à passer en Suède, et à faire revivre l'union de Calmar : il le fit assurer par son envoyé que tous les évêques se déclareraient en sa faveur, et qu'ils étaient disposés à le recevoir dans leurs villes et dans leurs forteresses comme leur souverain.

Christiern faisait alors la guerre en Norwége : il y avait été appelé par un parti qui s'y était formé contre le roi Canutson. Ce prince ne laissa pas de faire entrer une puissante armée en Suède pour appuyer la révolte des évêques. Salstat ayant appris que les Danois paraissaient sur la frontière, convoqua une assemblée générale du clergé à Upsal : il excommunia le roi dans une messe solennelle qu'il dit ; il déposa ensuite ses ornemens et ses habits ecclésiastiques sur l'autel, et il jura qu'il ne les reprendrait point qu'il n'eût chassé ce prince du royaume : il prit une cuirasse et une épée qu'on lui apporta, et dans cet équipage

guerrier il sortit de l'église à la tête de ses
vassaux pour aller combattre contre son souverain. Les autres évêques l'imitèrent dans sa
révolte ; ils prirent les armes pour défendre
leurs priviléges, et ils se joignirent ouvertement au parti des Danois, pour maintenir des
princes qui, en leur absence, leur abandonnaient tous les honneurs de la souveraineté,
et une partie même de l'autorité royale : on
vit en différentes occasions ces prélats combattre à la tête des Danois contre le roi même ;
de sorte que la guerre civile et la guerre étrangère remplissaient ce royaume de troubles et
d'horreurs. Ce prince n'aurait pas laissé de
triompher des Danois et du parti des évêques,
s'il eût su se contenter de la dignité de roi et
des domaines qui y étaient attachés ; mais il
voulut régner trop impérieusement dans le
commencement d'une domination ; il mit des
impôts extraordinaires sur le peuple pour
subvenir aux frais de la guerre ; il attaqua les
priviléges de la noblesse comme il avait fait
ceux du clergé, sans songer que c'était à la
noblesse même qu'il était redevable de sa couronne.

Plusieurs seigneurs des plus considérables

du royaume abandonnèrent son parti. L'archevêque profita de cette mésintelligence; il battit l'armée du roi, qui était affaiblie par la retraite de la principale noblesse; il poursuivit ensuite ce prince jusque dans Stockholm, où il s'était jeté après la perte de la bataille. Canutson, abandonné de sa noblesse, sans troupes et sans vivres pour soutenir un siége, et craignant de tomber entre les mains de ses ennemis, quitta le royaume, et se retira à Dantzick dans le dessein de faire des levées de troupes en Prusse et en Allemagne, et de revenir disputer sa couronne à la tête d'une armée. L'archevêque fut reçu dans Stockholm, et il fit proclamer Christiern Ier, roi de Suède.

(a) Ce prince était encore en Norwége, où il venait d'établir son autorité : il passa promptement en Suède ; il fut reconnu pour souverain. L'archevêque se flattait de gouverner le royaume sous le nom de ce prince ; mais Christiern témoigna hautement qu'il voulait régner lui-même : il donna peu de part dans les affaires à l'archevêque ; ce prélat, irrité d'une conduite qu'il traitait d'ingratitude, fit

(a) An 1457.

paraître son mécontentement : et il s'en expliqua en des termes peu éloignés d'une menace. Christiern, qui connaissait son esprit inquiet et entreprenant, le fit arrêter, et l'envoya sous bonne escorte en Danemarck. Catil, évêque de Linkiòping et neveu de ce prélat, prit aussitôt les armes contre le roi : il forma en peu de temps une armée considérable ; ses troupes défirent celles du prince en plusieurs occasions. Christiern, ne se trouvant pas des forces suffisantes pour tenir la campagne devant ce prélat, dispersa son armée dans les places dont il était maître, et il repassa en Danemarck pour en tirer des troupes qui lui étaient nécessaires.

L'évêque Catil demeura maître du gouvernement pendant près de sept ans que dura cette guerre : il offrit plusieurs fois au roi de Danemarck de le recevoir dans le royaume s'il voulait rendre la liberté à l'archevêque. Christiern voulut toujours soutenir sa conduite, et il se flatta qu'il se rendrait maître de la Suède par la voie des armes. Les amis de Canutson profitèrent de cette division qui était entre le clergé de Suède et le roi de Danemarck ; ils gagnèrent Catil, qui consentit au rétablissement du roi (*a*). Ce prince repassa en Suède, et remonta sur le trône après sept ans d'exil; mais il y resta peu de temps. Christiern s'aperçut de la faute qu'il avait faite de choquer un corps aussi puissant que le clergé : il se réconcilia avec l'archevêque; il lui rendit sa liberté, et ils convinrent que ce prélat prendrait de nouveau les armes contre le roi Canutson. Christiern ne put lui donner de troupes, ayant besoin de toutes ses forces contre le comte de Holsace, qui lui faisait la guerre dans le Jutland : il lui fit toucher seulement une somme considérable d'argent pour faire des levées en Suède, et il le fit escorter par une compagnie de ses gardes, afin qu'il rentrât plus glorieusement dans le royaume.

L'évêque Catil et tous ses partisans allèrent recevoir l'archevêque sur la frontière. Ce prélat les blâma d'avoir contribué au retour du roi Canutson : on résolut de le détrôner une seconde fois ; la guerre recommença avec plus de fureur qu'auparavant ; il se donna une sanglante bataille sur le lac Méler, qui était alors glacé. Le roi la perdit si absolument, qu'il ne

(*a*) An 1464.

lui resta pas assez de troupes pour assurer sa retraite. Ce malheureux prince fut obligé de se livrer lui - même à son ennemi ; l'archevêque le contraignit de renoncer au titre de roi, et il le relégua ensuite dans un château de Finlandie qu'il lui assigna pour sa subsistance.

Ce prélat ne se pressa point de faire reconnaître Christiern pour roi de Suède. Sa prison lui avait ouvert les yeux sur la conduite et la politique de ce prince, et il avait reconnu qu'il est quelquefois dangereux à un sujet de rendre de trop grands services à son souverain : il résolut de jouir lui-même du fruit de sa victoire ; il partagea la souveraine puissance avec les principaux seigneurs de son parti. La Suède tomba dans une espèce d'anarchie funeste : il y avait autant de souverains dans le royaume qu'il s'y trouvait de seigneurs qui eussent des troupes, ou le commandement de quelque forteresse : ils se faisaient la guerre les uns aux autres pour différens intérêts, et ils se servaient des noms des rois Canutson et Christiern pour autoriser la prise des armes, quoique dans le fond ils ne reconnussent l'autorité d'aucun de ces princes.

(*a*) Ces guerres civiles désolèrent la Suède pendant quatre années. L'archevêque étant mort, les peuples, lassés d'une indépendance qui leur causait tant de malheurs, redemandèrent avec instance le roi Canutson, et ils préférèrent une douce sujétion à une liberté fâcheuse.

Ce prince remonta sur le trône pour la troisième fois; on lui rendit solennellement la qualité de roi, mais on ne lui en rendit que le titre avec la possession de sa capitale; les évêques et les seigneurs conservèrent leur autorité dans les provinces. Ce prince vécut peu de temps après son rétablissement (*b*) : il désigna pour son successeur Sténon Sture son neveu, mais il lui conseilla de ne prendre que la qualité d'administrateur de Suède, de peur d'exciter la jalousie des seigneurs par un titre plus élevé. Les états après sa mort approuvèrent le choix qu'il avait fait, et l'avis qu'il avait donné à son successeur. Les évêques et la noblesse craignaient que si ce seigneur était revêtu de la dignité royale, il ne redemandât les tributs, le domaine, et les forteresses dont

(*a*) An 1468.
(*b*) An 1470.

ils s'étaient emparés ; ils lui déférèrent le titre d'administrateur ; et en cette qualité ils lui confièrent le commandement des troupes et le gouvernement de l'état.

La dignité d'administrateur n'était proprement qu'une commission pendant l'interrègne, qui pouvait même être révoquée par les états-généraux. L'administrateur était le général né de l'état ; son autorité s'étendait principalement sur les troupes ; les soldats et les officiers lui prêtaient le serment de fidélité. L'archevêque d'Upsal, comme premier sénateur né, avait à la vérité la préséance dans des actions publiques, et dans des jours de cérémonie ; mais pendant la guerre, la puissance et l'autorité souveraine étaient dans la personne de l'administrateur ; et alors il avait toute l'autorité du roi, sans oser en prendre le titre. Les Suédois redoutaient de la puissance absolue jusqu'au nom de roi : et ils se flattaient d'être plus libres sous un administrateur qui avait cependant autant d'autorité que les rois en avaient eu, et autant qu'il savait s'en donner lui-même par sa conduite et par son habileté.

Christiern Ier employa tantôt la voie de la

négociation, et tantôt les armes, pour faire abolir cette dignité, et pour obtenir le rétablissement de l'union de Calmar. Le clergé était toujours dans ses intérêts, et il se déclara en sa faveur dans toutes les occasions où il le put faire avec sûreté. Pendant quarante-quatre ans, ce prince et le roi Jean II son fils, régnèrent alternativement en Suède avec les administrateurs Sténon et Suante Sture; souvent ces princes et ces seigneurs étaient maîtres en même temps de différentes provinces de la Suède, suivant que la faction des évêques ou que le parti de la noblesse prévalait, et cependant ni les uns ni les autres n'étaient entièrement absolus dans un royaume où il fallait souvent que les souverains, pour être reconnus, achetassent d'une partie de leur autorité l'obéissance de leurs sujets.

Tel était l'état de la Suède, lorsqu'on vit les commencemens des plus grandes révolutions qui fussent arrivées dans le nord, et qui sont, à proprement parler, les fondemens de la monarchie suédoise, et l'origine de la grandeur de la maison qui est à présent sur le trône (a).

(a) Charles XI, roi de Suède, de la maison pa-

Après la mort de Suante Sture , dernier administrateur de Suède , on vit paraître les brigues et les différens partis que la puissance et l'habileté de ce seigneur avait dissipés pendant sa vie : il était illustre par ses victoires contre les Moscovites ; son mérite et le besoin de l'état l'avaient fait choisir pour administrateur dans un temps où cette dignité semblait n'être établie que pour s'opposer aux entreprises des rois de Danemarck.

(*a*) Suante Sture avait gouverné la Suède en cette qualité , et avec un pouvoir peu différent de celui des rois les plus absolus : heureux dans la guerre , révéré dans la paix , il avait su réduire Jean II , roi de Danemarck , par la terreur de ses armes , à faire une trève avec la Suède ; et il avait procuré en même temps à ses peuples la tranquillité et l'abondance. La noblesse et les paysans le regardaient comme le protecteur de la liberté , et

latine des Deux-Ponts , est petit-fils de Catherine de Wasa , fille de Charles de Sudermanie , et femme de Casimir , comte palatin du Rhin.

(*a*) An 1504.

son mérite lui avait même donné pour amis quelques évêques du royaume, qu'il avait détachés du parti des Danois.

Il n'entreprenait aucune affaire d'importance qu'il n'en fît part à Jacques Ulfonis, archevêque d'Upsal, et à Heming Gadde, évêque de Linkiöping : ces prélats, naturellement ennemis de sa dignité, ne pouvaient s'empêcher d'avoir de l'estime et de l'attachement pour sa personne : il avait une considération extrême pour le corps du sénat ; il affectait des manières d'égalité avec la noblesse, on ne s'appercevait que de la supériorité de son mérite : il n'était pas fâché cependant qu'on reconnût que c'était plutôt un effet de sa modération que de sa faiblesse : il tenait toujours un bon nombre de troupes sur pied, de peur d'être surpris par ses ennemis : sa cour et sa maison n'étaient composées que de ses capitaines ; il les entretenait de ses deniers dans la paix, c'étaient ses ministres et ses favoris : cette conduite le rendit toujours redoutable aux Danois et à leurs partisans, qui pendant son administration n'osèrent jamais entreprendre rien contre la Suède.

Aussitôt que ce prince fut mort, le sénat

convoqua les états généraux à Arboga, pour lui donner un successeur. Les évêques crurent qu'il était de leur intérêt de rappeler les rois de Danemarck, sous le règne desquels ils avaient plus de crédit; ils n'oublièrent rien pour faire revivre l'union de Calmar : ils représentèrent aux états que les peuples de Norwége, à la faveur de ce traité, avaient attiré dans leur pays le commerce et l'abondance; que c'était le seul moyen de convertir la trève qu'on avait avec le Danemarck en une paix solide et avantageuse à la Suède, et au contraire, que l'élection d'un administrateur perpétuerait la guerre dans le royaume, autant de temps qu'il y aurait des rois en Danemarck en état de faire valoir leurs prétentions.

Mais ces prélats furent peu écoutés, la domination des Danois n'était utile qu'au clergé : elle étoit odieuse et insupportable aux autres états du royaume. La plus grande partie des députés déclarèrent hautement qu'ils voulaient un administrateur; les évêques furent contraints d'y consentir. L'archevêque d'Upsal donna le premier sa voix, et il la donna au sénateur Eric Troll; c'était un homme de mérite, sage, déjà âgé, distingué dans le royaume par sa naissance et par ses grands biens, et allié même du dernier administrateur. L'archevêque, pour faire valoir son suffrage, fit entendre à la famille et aux amis de Suante Sture qu'il ne faisait ce choix que par la considération qu'il avait pour sa mémoire; que le jeune Sténon, fils de Suante, encore sans expérience, se formerait dans les affaires, et apprendrait le métier de la guerre auprès d'Eric Troll, son parent, qui par sa mort peu éloignée lui remettrait la dignité d'administrateur et le gouvernement de l'état.

Ce n'était pas cependant le dessein ni l'inténtion de ce prélat; il avait repris les anciennes maximes du clergé après la mort de Suante, ou plutôt il ne les avait jamais quittées qu'en apparence, et parce qu'il n'avait osé les faire paraître sous le règne d'un prince aussi habile et aussi puissant que le dernier administrateur. La mort de Suante le mit en liberté de suivre son inclination : il était ami intime d'Eric Troll : il n'ignorait pas que ce seigneur était attaché au parti des Danois, et qu'il avait même de grands biens en Danemark ; c'était à la vérité un homme habile

et plein d'esprit; mais timide, peu entreprenant, et incapable par son âge et par son inclination de faire la guerre aux rois de Danemarck.

L'archevêque se flattait même qu'il serait
aisé de le disposer, soit par la crainte de perdre les biens qu'il avait en Danemarck, ou
par la vue d'une récompense sûre et considérable, à ne recevoir la dignité d'administrateur qu'en dépôt, et que pour faire passer
ensuite de concert l'autorité souveraine entre
les mains du roi de Danemarck.

Mais des vues si fines échouèrent contre
l'aversion constante que les Suédois avaient
en ce temps-là pour tout ce qui était suspect
de favoriser les Danois; les sénateurs séculiers, les seigneurs, les députés des provinces,
les consuls de Stockholm, donnèrent l'exclusion à Eric Troll, et ils se déclarèrent en
même temps pour le prince Stenon. Cette
concurrence et la différence des partis cau-
sèrent de grands tumultes dans les états. Les
évêques et leurs partisans s'opiniâtraient pour
Troll; mais les députés de la noblesse se portèrent avec tant de zèle pour le fils du dernier
administrateur, que ces prélats virent bien

qu'il n'était pas même sûr pour eux de s'opposer plus long-temps à son élection : ils se rendirent à la pluralité des voix, ils feignirent même d'approuver ce qu'ils n'avaient pu empêcher. (a) Sténon fut reconnu dans les états pour administrateur : il fut redevable de la première dignité du royaume au mérite et à la mémoire de son père.

Les partisans d'Eric Troll ne laissèrent pas dans la suite de vouloir encore disputer l'élection du prince Sténon, qu'ils prétendaient n'avoir pas été faite avec une entière liberté de suffrages ; et il était à craindre qu'un intérêt aussi considérable que la souveraine puissance ne rallumât la guerre civile, sur-tout dans un royaume électif, où l'on a tant de peine à regarder comme souverain un homme avec qui on a vécu comme égal ; et on eût peut-être vu éclater les mécontens, si des amis communs de ces deux partis et de ces deux maisons ne se fussent entremis pour les concilier.

On exigea du jeune administrateur, pour condition de l'accommodement, qu'il consentît à la démission du vieil archevêque en fa-

(a) An 1513, 21 juillet.

veur du fils d'Eric Troll, dans la vue que la dignité du fils consolerait le père de son exclusion, et on espéra par ce moyen réunir ces deux maisons, et conserver la paix dans le royaume.

Ce n'est pas que la plupart des seigneurs et des gentilshommes ne s'opposassent à la promotion du jeune Troll : ils regardaient cet accommodement comme une marque de faiblesse qui faisait tort à leur courage et à la réputation de leur parti : ils dirent hautement à l'administrateur qu'ils étaient assez forts pour soutenir son élection en campagne et l'épée à la main contre le parti des évêques et des Danois ; quelques-uns même plus habiles lui représentèrent en particulier, que l'exemple de ses prédécesseurs lui devait avoir appris de quel intérêt il lui était de ne pas mettre dans la première dignité ecclésiastique du royaume un homme aussi puissant que Troll, soit par sa naissance, soit par ses grands biens ; que depuis la malheureuse union de Calmar, les archevêques avaient causé tous les troubles et toutes les guerres civiles qui avaient désolé la Suède sous la régence et l'administration de ses prédécesseurs : que le jeune Troll passait pour un esprit hardi et remuant ; que ce gentilhomme ne lui devait être que trop suspect, par l'empressement que tout le clergé et les autres partisans du Danemarck faisaient paraître pour sa promotion , et sur-tout que la politique ne lui permettait pas d'élever un homme qu'il avait si sensiblement offensé par la préférence qu'il venait d'obtenir sur son père.

Mais ce jeune administrateur, peu habile et sans expérience, ébloui par l'éclat de sa nouvelle dignité, impatient d'en jouir sans obstacle, peut-être même séduit par l'apparence d'une action généreuse qu'on lui proposait de faire en faveur d'un parent, agréa avec précipitation la démission de l'archevêque. Troll fut élu archevêque d'Upsal par le chapitre de cette église, à la recommandation de ce prince (a). Il écrivit au pape Léon X en sa faveur, et il fit même tenir une grosse somme d'argent à ce nouveau prélat, qui était pour lors à Rome, afin qu'il pût paraître dans un équipage conforme à sa dignité et à la réputation du royaume.

L'ancien archevêque lui dépêcha de son

(a) An 1514.

côté un homme fidèle qu'il fit passer secrètement par la cour de Danemarck. Le clergé de
Suède y entretenait toujours des intelligences;
l'élection de Sténon et la promotion de Troll
à l'archevêché d'Upsal, étaient des nouvelles
trop importantes au roi de Danemarck pour
ne lui en pas donner avis. C'était Christiern II
qui venait de succéder au roi Jean son père,
jeune prince d'une humeur sombre et farouche, défiant, soupçonneux, courageux par
colère et par emportement, peu touché de la
gloire, et qui semblait n'aller à la guerre que
pour avoir le plaisir de voir répandre du sang.
Sa naissance et l'élection des Danois lui avaient
donné deux couronnes ; mais contraint par
des lois et par la majesté du sénat, il se croyait
peu heureux en Danemarck, et il envisageait
au contraire la Suède comme un royaume
où à la faveur de ses armes, et par le droit de
conquête, il serait peut-être un jour en état
d'établir et de faire reconnaître sa volonté
pour unique loi.

Ce prince brûlait d'impatience que la trève
que le roi son père et les états du royaume
avaient faite avec le dernier administrateur fût
expirée pour porter ses armes dans la Suède.

La promotion de Troll, qui était d'une maison et d'un parti attaché de tous temps au Danemarck, le consolèrent en quelque façon de l'élection d'un administrateur, et il se flatta qu'avec ses forces, et le secours des évêques de ce royaume, il détruirait aisément la nouvelle puissance de ce prince : il écrivit de sa propre main au jeune prélat, pour le féliciter sur sa dignité, et il joignit même à sa lettre une somme considérable d'argent qu'il lui envoya comme une marque de son amitié.

(a) Troll fut sacré archevêque à Rome, et reçut le pallium des mains du pape Léon X. Il partit ensuite pour la Suède, et arriva peu de temps après à Lubeck ; c'était la première et la plus puissante des villes anséatiques, et qui faisait seule tout le commerce des royaumes du nord. L'archevêque y trouva en arrivant un gentilhomme que Christiern lui avait envoyé secrètement pour l'engager dans son parti : cet homme bien instruit des intentions de son maître, après avoir montré à ce prélat ses lettres de créance, lui dit qu'il était venu pour lui témoigner de la part du roi la joie qu'il avait de sa promotion, et l'espérance

(a) An 1515.

1. 6

qu'il concevait de voir l'union de Calmar bientôt rétabli par son ministère, et par le crédit et le pouvoir que sa dignité lui donnaient dans le royaume.

Troll, prévenu par son père et par l'ancien archevêque, et bien instruit des intérêts de sa maison , répondit à ce gentilhomme qu'il n'ignorait pas les justes prétentions du roi de Danemarck : il le pria d'assurer ce prince de sa part, qu'il connaissait parfaitement quels engagemens il avait, et par sa maison , et par sa dignité, à prendre son parti, et qu'il n'oublierait rien pour le servir quand il aurait pris possession de l'archevêché.

Il eut encore plusieurs conférences secrètes avec cet envoyé pendant le séjour qu'il fit à Lubeck. L'agent de Christiern trouvant ce prélat d'un caractère fastueux et altier , entêté du pouvoir de sa dignité et de la grandeur de sa maison , crut qu'il pouvait s'ouvrir à lui plus particulièrement : il lui fit envisager d'abord avec beaucoup d'art combien l'exclusion de la dignité d'administrateur, que son père avait reçue dans les états, causait de douleur et de honte à sa maison , et combien il aurait à souffrir lui-même sous le gouverné-

ment d'un jeune homme, fier de son élévation, et qui lui ferait sentir à tous momens
sa puissance et son autorité.

Il lui représenta ensuite que la dignité d'administrateur n'était qu'une nouvelle invention
de la noblesse, pour ne pas se soumettre au
traité de Calmar ; que les Suédois privaient
par là les rois de Danemarck des droits in-
contestables qu'ils avaient à la couronne de
Suède, et les prélats de ce royaume de la part
que ces princes leur donnaient dans le gouvernement : et voyant que son discours faisait impression sur l'esprit de l'archevêque,
il lui dit, comme pour le consoler, que l'autorité du jeune administrateur serait apparemment de peu de durée ; qu'il était chargé
de lui dire, de la part du roi son maître,
qu'il était résolu de demander l'exécution du
traité de Calmar ; qu'il était appuyé dans ce
dessein par Charles et Ferdinand d'Autriche,
dont il venait d'épouser la sœur, par les ducs
de Saxe ses oncles, et par le marquis de Bran-
debourg son beau-frère ; qu'il avait la paix
avec toutes les villes anséatiques ; que celle
de Lubeck, qui affectait autrefois de tenir la
balance entre les couronnes du nord, n'était

plus en état d'armer en faveur de la Suède ;
que cette ville, affaiblie par une guerre de dix
ans contre le feu roi de Danemarck, ne songeait qu'à rétablir son commerce, et qu'elle
se tenait fort heureuse que Christiern voulût
bien entretenir la paix qu'on lui avait accor-
dée ; que s on maître travaillait à faire des alliances avec la France et l'Angleterre ; et
qu'aussitôt que la trève qui était entre le Danemarck et la Suède serait expirée, il entrerait dans ce royaume à la tête de son armée
pour s'y faire reconnaître et pour y établir
son autorité ; il ajouta à ce discours, qu'il
avait ordre du roi de l'assurer de sa part qu'il
lui confierait volontiers en son absence tout
le gouvernement et la conservation de son autorité en Suède, comme avaient fait les rois
ses prédécesseurs aux archevêques d'Upsal.

Ce prélat écouta avec plaisir des propositions qui flattaient son ambition : il regarda
la grace importante qu'il venait de recevoir
de l'administrateur comme une chose qu'il
n'avait pu lui refuser dans la conjoncture de
son élection : il commença à considérer ce
prince, non plus comme son bienfaiteur,
mais comme un ennemi secret et irréconcilia-

ble de sa maison, et qui était intéressé à l'abaisser : il lui parut qu'il jouissait d'une autorité à laquelle il devait aspirer lui-même, et qu'il pouvait obtenir en se dévouant aux intérêts du roi de Danemarck.

Plein de ces considérations, il assura de nouveau l'envoyé qu'il n'aurait pas moins d'attachement que ses prédécesseurs pour la couronne de Danemarck ; mais comme il était peu instruit de l'état présent de la Suède dont il était absent depuis long-temps, ils convinrent qu'avant que d'éclater, il prendrait quelque temps pour ranimer la faction danoise qui était dans le royaume, et pour se faire de nouvelles créatures, et que le roi de son côté lui enverrait secrètement des agens de temps en temps pour reconnaître l'état et les forces de son parti, et pour concerter ensemble les moyens les plus sûrs et les plus convenables de faire réussir ses desseins.

Ils se séparèrent ensuite ; l'envoyé retourna auprès de Christiern, et l'archevêque s'embarqua pour la Suède dans l'intention de n'oublier rien pour détruire l'administrateur.

Quoique ce prélat eût été élevé à la cour

de Rome, il s'était peu formé dans la politique et dans cette profonde dissimulation qui règne en cette cour : c'était un homme d'un caractère dur et violent, savant, mais peu habile, fier du crédit de sa maison et de ses richesses, gouverné par son humeur, et ne connaissant de manières de traiter avec les hommes que les manières de commandement; ennemi de ses supérieurs, incapable de souffrir des égaux, insolent avec ses inférieurs; et il prenait indifféremment pour inférieurs tous ceux qu'il ne croyait pas aussi riches que lui : il ne garda à son retour nulle mesure de politique, ni même de bienséance avec l'administrateur : il évita de rencontrer ce prince qui était sorti obligeamment de son palais pour aller au-devant de lui, et dès qu'il fut débarqué, il se rendit par terre à Upsal, sans charger personne de faire aucun compliment à l'administrateur de sa part, comme s'il eût ignoré sa dignité, et les obligations qu'il lui avait.

Il passa les premiers jours de son arrivée à recevoir les complimens de ses suffragans et les hommages de son clergé; sa famille, les amis de sa maison, et les partisans des

Danois, se rendirent auprès de lui, les uns pour le féliciter sur sa dignité, et les autres pour reconnaître son caractère, et pour observer sa conduite à l'égard de l'administrateur : ce ne furent pendant plus d'un mois que fêtes à Upsal ; la magnificence de ce jeune prélat, le nombre de ses amis et des créatures de sa maison, lui attiraient une cour qui obscurcissait en quelque manière celle du souverain.

On mêla même la politique et les affaires d'état avec les plaisirs ; ce fut durant ces fêtes, et dans la chaleur d'un repas, que ce prélat, naturellement violent et impétueux, commença à faire paraître son mécontentement : il se plaignit à ses amis de l'injustice qu'il prétendait qu'on avait faite à son père dans la dernière élection, et il ne put même s'empêcher de dire publiquement que Sténon y aurait eu peu de part, si les suffrages avaient été libres.

Il prit ensuite les évêques en particulier, pour reconnaître leurs dispositions au sujet du gouvernement, et pour voir ce qu'il s'en pouvait promettre, s'il s'engageait dans quelque entreprise contre l'administrateur : il dit d'abord à ces prélats, pour pressentir leur penchant, et comme par manière d'entretien, qu'il était bien à craindre que la fin de la trève qu'on avait avec le Danemarck ne fût le commencement d'une guerre sanglante; qu'il ne doutait pas que Christiern ne fît tous ses efforts pour rétablir l'union de Calmar, malgré l'élection de l'administrateur; qu'il plaignait le malheur de sa patrie, qui allait être la victime de l'ambition et de la concurrence de ces deux princes; qu'il ne savait pas même quel parti le clergé du royaume devait prendre s'ils venaient à éclater; qu'à la vérité la dignité d'administrateur semblait n'être établie que pour la défense de la liberté de la nation; mais aussi que les prétentions des rois de Danemarck n'étaient pas sans justice et sans fondement, et que d'ailleurs ces princes semblaient n'affecter la qualité de rois de Suède que pour confier au clergé toute l'autorité et le soin du gouvernement.

Il ajouta que le temps et leur conseil lui apprendraient quelle conduite il devait tenir avec le roi de Danemarck; mais qu'à l'égard du prince Sténon, il était si persuadé que les suffrages avaient été violentés dans son élection, qu'il ne croyait pas que le clergé dût s'intéresser pour soutenir la dignité d'administrateur contre les Danois, tant qu'il en serait revêtu.

Le discours de ce prélat fut reçu avec applaudissement par ses suffragans ; chacun se déclara pour le roi de Danemarck ; les plus violens proposèrent même de l'inviter à rompre la trève pour surprendre le prince Sténon, qu'ils traitaient d'usurpateur : on dit qu'il faudrait en même temps que chaque prélat fît déclarer les villes et les châteaux de sa dépendance ; d'autres proposèrent encore de s'assurer de bonne heure de leurs amis et de leurs vassaux. Tous ces évêques s'empressaient de donner à leur primat des marques de complaisance qui leur coûtaient d'autant moins que ces projets étaient encore vagues, et qu'ils croyaient la guerre et le péril fort éloignés.

L'archevêque s'appliqua ensuite à connaître exactement le nombre et les forces de ses vassaux : il fit entrer publiquement des troupes et des munitions dans la forteresse de Steque, qui dépendait de l'archevêché, comme si la guerre eût été déclarée ; il s'assura de nouveau de sa famille et de ses amis, et il en resta

même un grand nombre auprès de lui, attirés par la profusion de sa dépense.

La conduite que ce prélat tenait avec l'administrateur, et le mouvement qui paraissait
parmi ses créatures et les partisans des Danois,
firent croire qu'on ne serait pas long-temps
sans voir naître dans le royaume quelque
guerre civile : on vit accourir à Upsal tous les
mécontens, et la plupart de ces aventuriers,
gens incertains qui s'offrent toujours avec
chaleur dans les commencemens des partis,
et qui les trahissent ensuite, ou qui les abandonnent suivant leur crainte ou leur intérêt.
L'archevêque les recevait bien ; il écoutait
avec plaisir les plaintes qu'ils faisaient du
gouvernement, et entrait dans les intérêts de
leur fortune : ce prélat, par sa conduite et
dans ses discours, marquait assez qu'il était
mécontent, pour avoir moyen de découvrir
et de rassembler les mécontens ; mais il évi-
tait avec beaucoup de soin de paraître avoir
aucune liaison avec les Danois, parce qu'il
savait combien en général tous les Suédois, à
l'exception du clergé, détestaient leur domination, et il voulait persuader que sa haine et
son aversion pour l'administrateur n'était

qu'une affaire particulière entre leurs maisons, et qui ne regardait point l'état.

L'administrateur, informé de ce qui se passait à Upsal, pénétra aisément les desseins et
les intentions de l'archevêque, et ce fut avec
une surprise pleine d'indignation. Ce prince,
irrité de son ingratitude, naturellement impatient et plein de feu, voulait prendre sur-
le-champ les armes ; mais son conseil s'y op-
posa ; on lui dit que les princes ne vengeaient
pas leurs injures comme les particuliers ; que
la moindre violence ne servirait qu'à fortifier
le parti de l'archevêque, et à augmenter le
nombre des mécontens ; qu'il avait affaire à
une nation jalouse de sa liberté, et toujours
en garde contre les entreprises de ses souverains ; on lui conseilla de dissimuler plutôt
son ressentiment, et de tâcher même de ramener ce prélat à son devoir par les voies de
douceur et d'honnêteté.

Sténon se rendit à cet avis ; et sous prétexte
d'un voyage qu'il faisait sur ses terres, il passa
par Upsal, qui se trouvait sur sa route, et
qui n'était éloigné de Stockholm que de dix
lieues suédoises : il alla descendre chez l'archevêque avec toutes les apparences de joie

et de confiance qu'eût pu avoir un prince qui aurait cru que son rang et ses bienfaits le devaient faire souhaiter ; il félicita Troll sur son heureux retour dans le royaume ; il lui témoigna la satisfaction qu'il avait d'avoir contribué à son élévation ; il se plaigit même obligeamment qu'il n'eût pas encore paru à Stockholm ni à la cour ; enfin il n'oublia rien de toutes les honnêtetés qu'il pouvait lui faire, pour le gagner et pour le ramener à son devoir.

L'archevêque, surpris et chagrin de l'arrivée de ce prince, ne répondit à ses caresses que d'une manière contrainte et embarrassée ; il ne laissa pas de le traiter avec une magnificence extraordinaire ; mais ce fut plutôt par un sentiment de vanité, et pour faire montre de sa puissance et de ses richesses, que pour témoigner à l'administrateur de la joie de le recevoir dans sa maison ; il ne put même s'empêcher dans la chaleur de la conversation de reprocher indirectement à ce prince qu'il avait emporté par violence une dignité qui n'était due qu'aux services et à l'expérience de son père.

L'administrateur, qui ne songeait qu'à le

gagner, voulut justifier son élection ; mais ce fier prélat ne daigna pas même écouter ses raisons : il lui dit avec beaucoup de hauteur qu'il se trouverait peut-être quelque jour une assemblée des états libre, et dans laquelle on ferait justice à son père et à tous ceux qui se plaignaient du gouvernement.

Le prince se retira, également surpris et irrité des menaces de ce prélat : il résolut de se servir de sa puissance et de son autorité pour le remettre dans son devoir ; et de peur que la cour de Rome, qui ne cherche souvent qu'à établir son autorité sous prétexte de protéger le clergé, ne s'intéressât dans cette occasion en faveur de l'archevêque, l'administrateur écrivit au pape pour le prévenir, et pour se plaindre de la conduite séditieuse de ce prélat.

Le pape répondit peu de temps après à ce prince en des termes obligeans et favorables ; il lui marquait par sa lettre qu'il blâmait l'humeur inquiète, et même le peu de reconnaissance de Troll, et il ajoutait qu'il avait ordonné à un légat qu'il avait pour lors à la cour de Danemarck de passer incessamment en Suède pour avertir de sa part l'archevêque de son devoir.

Mais ces ordres du pape étaient plus spécieux qu'effectifs : quoique le souverain pontife blâmât en apparence le peu d'égards que ce prélat avait pour l'administrateur, il ne pouvait pas être fâché dans le fond que l'archevêque et les autres prélats de ce royaume, que la cour de Rome regarde toujours en quelque façon comme ses sujets et ses créatures, se rendissent puissans, et prissent part au gouvernement de l'état. D'ailleurs les papes en général étaient peu affectionnés aux rois et aux souverains de Suède depuis que ces princes avaient cessé de payer le denier de Saint Pierre. C'était un tribut que le roi Olaüs avait imposé en faveur du Saint-Siége sur tous ses sujets, l'an 940, lorsque le christianisme s'établit dans ce royaume, mais auquel peu de ses successeurs avaient voulu se soumettre (a) : ces princes avaient protesté plusieurs fois contre une dévotion qui ruinait leurs sujets, et qui tirait à conséquence pour la souveraineté de l'état.

(a) Bazius, Historia ecclesiastica suec. et gothica.

Plusieurs papes exigèrent inutilement ce tribut (a) : ils en étaient venus même jusqu'aux foudres de l'excommunication, sans pouvoir cependant ébranler la fermeté de ces princes. La cour de Rome fut obligée enfin de laisser en repos des gens qui, conduits par des vues de politique plutôt que par la science, s'é-taient délivrés de bonne heure de la crainte des censures ecclésiastiques. Le conseil de l'administrateur, qui connaissait l'ancien mé-contentement de la cour de Rome, lui fit comprendre qu'il ne devait pas attendre de grands secours du pape pour réduire l'arche-vêque : aussi ce prince ne se reposa-t-il pas si fort sur ces lettres apostoliques qu'il ne prît en même temps des mesures plus effi-caces pour se mettre en état de n'être pas surpris.

Il convoqua les états-généraux à Tellie, sous prétexte que la trève qu'on avait avec le Danemarck était près de finir, mais en effet dans la vue de faire reconnaître de nouveau son autorité, et de l'affermir par la présence des états, et pour tâcher de pénétrer en même

(a) Honoré III, Jean XXII, Innocent VI, Gré-goire XI.

temps, si le parti de l'archevêque était considérable.

Ce prélat de son côté n'oubliait rien pour faire des créatures au roi de Danemarck et des ennemis à l'administrateur : il s'assura de nouveau de ses partisans, et il gagna même les gouverneurs des châteaux de Stockholm et de Nykiöpinc, qu'il mit dans les intérêts de Christiern : il dépêcha ensuite un homme fidèle à ce prince pour lui rendre compte de l'état et de la disposition de son parti : il l'exhorta de s'avancer à la tête de son armée, sans s'arrêter à la trève : il lui fit représenter par son agent, qu'il était aisé de la rompre sous différens prétextes, et il le fit assurer que les gouverneurs des châteaux de Stockholm et de Nykiöpinc recevraient ses troupes dans leurs places, et se déclareraient en sa faveur.

Christiern lui manda par son envoyé que ce n'était pas assez de rompre la trève, à moins que les états de Danemarck ne contribuassent à la guerre contre la Suède ; qu'il travaillait à faire entrer les principaux du royaume dans ses desseins ; qu'il croyait même avoir mis dans ses intérêts le légat, qui devait passer incessamment en Suède : que si la négociation de ce prélat ne réussissait pas , il ferait naître quelque incident entre les deux nations , et qu'il engagerait la querelle si avant, que les états de Danemarck ne pourraient se dispenser de prendre les armes.

Cependant les états-généraux de Suède s'assemblèrent à Tellie , où l'administrateur les avait convoqués ; la plupart des députés se trouvèrent les mêmes qui avaient eu le plus de part à son élection. Ce prince , se voyant si bien appuyé , fit citer l'archevêque pour prêter le serment de fidélité qu'il devait à la couronne à cause de sa dignité. Ce prélat , ne se croyant pas en sûreté dans une assemblée où il savait que le parti de son ennemi était le plus fort, s'enferma dans sa forteresse de Stèque : c'était un château bâti sur la croupe d'une montagne , également fortifié par l'art et par la nature. Les archevêques d'Upsal n'avaient rien oublié pour le rendre imprenable selon les règles de ce temps-là, et d'ailleurs il était assez fortifié par les priviléges du clergé, qui en faisaient un asile inviolable. L'archevêque y tint de son côté une assemblée des évêques du royaume et de ses partisans ; comme si celle de Tellie n'eût été ni libre ni légitime.

Les choses se disposaient de part et d'autre à une rupture ouverte, lorsque Jean Ange Arcemboldi, légat du pape Léon X dans les royaumes du nord, passa de Danemarck en Suède (a), et intervint pour accommoder l'archevêque avec l'administrateur.

C'était un homme d'un caractère aisé, souple, plein de politesse, complaisant, et qui ne montrait de passion que dans l'application qu'il faisait paraître d'amasser de l'argent. Une des commissions de ce prélat consistait en des pouvoirs dont il prétendait être chargé, de permettre de manger de la viande dans les jours défendus par l'église, à ceux qui voulaient acheter cette permission, et il distribuait en même temps des indulgences à tous ceux qui contribuaient une certaine somme fixée pour le bâtiment de la basilique de Saint-Pierre de Rome, manières toutes nouvelles en ce temps-là de trouver de l'argent, et que les ministres de la cour de Rome poussèrent même un peu loin sous le pontificat de Léon, apparemment à l'insu de ce pape.

Arcemboldi recueillait ces deniers avec l'a-

(a) Joannes Magnus, Vita archiepiscop. upsalens.

vidité d'un partisan qui lève des impôts dont il a traité. Ce prélat, à la faveur des bulles dont il était porteur, ravagea impunément une partie du Danemarck ; et non content des sommes considérables qu'il avait tirées de ce royaume, il mit encore cet argent dans le commerce et à de gros intérêts, étant près de partir pour la Suède.

. Christiern n'avait vu qu'avec beaucoup de chagrin cette mission du légat, qui, sous prétexte de dévotion, tirait tout l'argent de ses états ; mais cependant il avait caché avec soin ses sentimens : il ne pouvait espérer de réussir dans les desseins qu'il avait sur la Suède sans le secours du clergé ; et il craignait qu'il ne quittât son parti s'il se brouillait avec la cour de Rome : il abandonna pour ainsi dire son royaume en proie à l'avarice du légat, afin de le mettre dans ses intérêts : il le combla de caresses et d'honnêtetés pendant son séjour en Danemarck ; et lorsque ce prélat alla prendre congé de lui pour passer en Suède suivant les ordres du pape, il le reçut avec des manières honnêtes et pleines de confiance.

Il le pria de vouloir bien se servir de la considération que lui donnait son caractère pour établir une paix solide entre les deux nations : il l'assura qu'il était prêt d'y contribuer de sa part, pourvu que les Suédois se disposassent à rentrer de bonne foi dans l'union de Calmar : il lui représenta ensuite que ni les guerres civiles ni les rébellions précédentes n'avaient pu rompre un traité si solennel, quoique ces révoltes eussent été quelquefois suivies de quelques succès favorables pour les chefs des rebelles : il lui dit que le clergé et la plus saine partie de l'état souhaitaient le rétablissement de ce traité comme l'unique moyen d'établir une paix solide entre les deux nations ; que c'était le sujet de plainte de l'administrateur contre l'archevêque. Il pria le légat de protéger ce prélat, qui étoit exposé, à ce qu'il lui dit, aux insultes d'un jeune homme violent et emporté ; et il ajouta qu'il se flattait qu'il mettrait quelque différence entre un chef de révoltés, et un souverain et un prince d'une maison royale, dévoué de tout temps aux intérêts du saint-siége.

Le légat n'ignorait pas que la cour de Rome était aussi contente du Danemarck qu'elle était peu satisfaite des Suédois, qui y conservaient même peu de relation : il savait d'ailleurs que Christiern était allié de la maison d'Autriche, pour qui le pape avait une extrême considération ; mais rien ne le détermina davantage à entrer dans les intérêts de ce prince que l'argent qu'il laissait en Danemarck, et celui qu'il espérait encore tirer à son retour de quelques provinces où il n'avait pas publié ses indulgences : il assura Christiern qu'il n'oublierait rien pour faire réussir sa négociation selon ses intentions : il lui laissa même entrevoir qu'il avait des ordres secrets d'appuyer ses intérêts et de protéger ses créatures, et il lui promit que sous le caractère apparent de médiateur il agirait pour son service avec autant de zèle que ses propres ministres.

Le roi de Danemarck, ébloui de ces protestations, lui fit part de ses desseins secrets, et il s'expliqua avec lui plus ouvertement que ne doit faire un prince avec un ministre étranger : il lui avoua qu'il était assuré des châteaux de Stockholm et de Nykiòpinc; que tous les évêques étaient disposés à le recevoir dans leurs places, et que l'archevêque d'Upsal, qui conduisait cette affaire, s'était engagé de passer dans son armée sitôt qu'il paraîtrait sur les frontières du royaume : il pria le légat de conférer avec ce prélat, s'il le pouvait faire sans se rendre suspect, et de concerter avec lui les moyens les plus sûrs et les plus convenables pour faire réussir ses desseins.

Le légat partit avec cette instruction : il ne fut pas plutôt arrivé à la cour de Suède qu'il exhorta publiquement l'administrateur et le sénat de la part du pape à faire une paix solide avec le Danemarck : il demanda, quelques jours après, une audience particulière à l'administrateur ; il pria le prince dans son audience, de la part du Saint-Père, d'accorder l'honneur de son amitié à l'archevêque, et de ne point troubler ce prélat dans une dignité que le pape même ne lui avait conférée qu'à sa recommandation. Sténon lui répondit en peu de mots et avec beaucoup de fermeté qu'il aurait toujours beaucoup d'égards pour les prières qui lui viendraient de la part de Sa Sainteté, et toute la considération possible pour la personne du légat, mais qu'il devait porter ses remontrances à l'archevêque, et que ce prélat serait en repos, sitôt qu'il serait rentré dans son devoir.

Le légat, qui cherchait à entrer en matière, dit à ce prince qu'il avait ordre du pape de travailler à l'accommodement de l'archevêque, et à la paix entre la Suède et le Danemarck : qu'il s'était aperçu que ce n'était presque qu'une même affaire, et qu'il le priait de consentir à la médiation du Saint-Siége : il l'exhorta à préférer une paix solide aux événemens d'une guerre toujours fort incertaine, qui peut-être n'était pas également agréable à tous les états du royaume, ce qui ne pouvait manquer de le rendre odieux à la noblesse même et aux paysans, pour peu qu'elle durât ou qu'elle fût malheureuse.

Ce discours et le soin que le légat avait pris de mêler l'affaire de l'archevêque avec les prétentions du roi de Danemarck, firent soupçonner à l'administrateur que ce prélat était gagné par ses ennemis, et qu'il connaissait tous leurs desseins. Il était de son intérêt d'en découvrir entièrement le secret; mais il n'était pas aisé à un jeune prince suédois de faire parler un prélat italien qui avait vieilli à la cour de Rome. L'administrateur ne s'amusa point à vouloir tirer son secret par des conférences dans lesquelles il sentait bien que le légat lui était supérieur : il attaqua ce prélat directement par son faible, et il le pria, par l'avis du sénat, de distribuer dans le royaume les indulgences dont il était chargé, et il l'assura que pendant ce temps-là il prendrait des résolutions utiles pour l'état, et conformes aux intentions du Saint-Père.

Le légat embrassa avec ardeur une occasion si favorable d'amasser de l'argent; c'était l'unique sujet de sa légation dans les pays du nord, et il craignait que si la guerre s'allumait entre les deux nations, il ne lui fût impossible d'exercer sa commission en Suède parmi le tumulte des armes, et que cela ne le privât d'un gain, dont on prétend même qu'il était en avance à la chambre apostolique. Ce prélat n'eut pas plutôt obtenu le consentement de l'administrateur et du sénat, qu'il fit publier dans tout le royaume les bulles dont il était porteur. Ses officiers et certains quêteurs qu'il menait à sa suite les répandirent dans toutes les provinces : ils avaient sous-fermé le droit de les publier, et le légat en traitait indifféremment avec tous ceux qui lui en offraient le plus, sans chercher d'autres conditions dans ces prédicateurs mercenaires que la sûreté de ses deniers.

L'administrateur parut fort touché du désir de gagner ces indulgences, soit politique, ou dévotion. Ce prince fit à cette intention beaucoup de largesses ; les sénateurs à son exemple et toute la noblesse donnèrent des sommes considérables : le peuple, naturellement avide de ces sortes de graces, s'épuisa pour y avoir part ; tout le monde voulut contribuer, les plus libertins même entrèrent sans peine dans une dévotion que la conduite de l'administrateur avait mise pour ainsi dire à la mode, et qui ne leur coûtait que de l'argent.

(a) Arcemboldi amassa des sommes immenses dans la Suède : l'administrateur lui permit de faire sortir cet argent du royaume en espèces, sans rien prendre pour ses droits ; c'était une grace d'autant plus considérable, que tous les princes en Allemagne avaient exigé un tiers de l'argent qui provenait des indulgences qu'on avait publiées dans les terres de

(a) Vita archiepiscorum upsalensium Joannis Magni.

leur dépendance. Sténon ajouta à un procédé si honnête des présens magnifiques qu'il fit en particulier au légat : on porta de sa part chez ce prélat un nombre considérable de pelleteries d'un grand prix, et une table d'argent massif d'une grandeur extraordinaire.

L'administrateur, se flattant de s'être fait jour dans l'esprit du légat par la richesse de ses présens, le prit quelque temps après en particulier : il se plaignit à ce prélat de l'ingratitude de l'archevêque ; il lui dit qu'il était bien informé de ses mauvais desseins ; mais qu'il était résolu de le forcer à reconnaître sa dignité, ou à sortir du royaume. Arcemboldi, charmé de la libéralité de ce prince, approuva son ressentiment ; il n'eut pas même la force de garder le secret au roi de Danemarck : il semblait qu'il se fît un scrupule de n'être pas pour celui de ces princes dont il tirait le plus d'argent ; peut-être même aussi qu'il ne trahit Christiern que dans la crainte que l'administrateur n'eût pénétré leur intelligence, et que ce prince n'arrêtât l'argent des indulgences s'il continuait à lui en faire un secret ; il aima mieux s'en faire un mérite : il lui découvrit les desseins du roi de Danemarck, ses liaisons avec le clergé de Suède, et la trahison des deux gouverneurs des châteaux de Stockholm et de Nykiöpinc.

Il exigea cependant de l'administrateur qu'il se conduirait de manière avec l'archevêque, qu'on ne le pût soupçonner d'avoir trahi le secret de Christiern. Il repassa ensuite en Danemarck pour y continuer la publication de ses indulgences ; il témoigna à son retour au roi le chagrin qu'il avait du peu de succès de sa négociation : il dit à ce prince qu'il avait trouvé l'esprit de l'administrateur trop aigri contre l'archevêque pour espérer un prompt accommodement ; qu'il croyait même que la personne de ce prélat était un obstacle au rétablissement de l'union de Calmar ; qu'il était toujours enfermé dans sa forteresse de Stèque, d'où il semblait menacer l'administrateur d'une guerre civile, et que dans cette conjoncture il n'avait pas cru devoir s'aboucher avec lui, pour ne se pas rendre suspect à Sténon ; que ce prince haïssait sa personne, et qu'il avait pressenti que quand même il pourrait se résoudre pour le bien de la paix à se démettre de sa dignité, il ne le ferait cependant jamais , tant qu'il pourrait croire qu'on en voudrait revêtir son ennemi.

Christiern voyant cette négociation échouée, s'aperçut bien qu'il n'y aurait que ses armes qui le rendraient maître de la Suède ; mais la trève durait encore , et il ne la pouvait rompre, ni commencer la guerre , sans le consentement du sénat de Danemarck. Il ordonna secrètement à son amiral d'insulter sur quelque prétexte les premiers vaisseaux suédois qu'il rencontrerait , ne doutant pas que l'administrateur n'usât aussitôt de représailles par terre ou par mer ; ce qui ferait commencer la guerre malgré tout le penchant que les états et le sénat de Danemarck avaient pour la continuation de la trève.

Cependant l'administrateur ne perdait point de temps pour prévenir ses ennemis : il résolut de profiter du secret du légat sans manquer à la parole qu'il lui avait donnée : il convoqua aussitôt le sénat ; il dit à l'assemblée qu'il y avait une conspiration formée contre le repos de l'état , et que les gouverneurs de Stockholm et de Nykiöpinc devaient au premier jour recevoir les ennemis dans leurs places. Le sénat, effrayé de cette nouvelle, le pria de prévenir les traîtres. L'administrateur, sous prétexte d'une revue, tira habilement le gouverneur de Nykiòpinc de sa place avec toute sa garnison ; il y fit entrer aussitôt d'autres troupes, et il y mit un nouveau gouverneur dont il était bien assuré ; il fit arrêter en même temps le gouverneur du château de Stockholm, qui s'était trouvé au palais et à la cour du prince selon son ordinaire (a) : il convoqua ensuite les états-généraux à Westeràhs, capitale de la Westmanie ; ces deux gouverneurs y furent accusés de trahison contre leur patrie : les états leur donnèrent des commissaires pour instruire leur procès. Soit par la crainte du supplice, ou l'espérance du pardon, ils avouèrent l'un et l'autre l'intelligence qu'ils avaient avec le roi de Danemarck ; et ils accusèrent tous deux l'archevêque comme le chef et l'auteur de la conspiration.

L'administrateur ayant cet avantage sur lui, résolut de le pousser : il le fit citer devant les états pour venir rendre compte de sa conduite. Quelques sénateurs, qui prévoyaient

(a) An 1516, 8 septembre.

8*

avec douleur que ces mouvemens allaient dé-
générer en guerre civile, firent exhorter sous
main l'archevêque à reconnaître l'administrateur, et à faire sa paix avec ce prince ; on lui
offrit même un sauf-conduit signé des premiers seigneurs des états, dans la vue de le
ramener par les voies de la douceur.

L'archevêque fut au désespoir qu'on eût
découvert ses desseins avant qu'il eût eu le
temps de les faire éclater avec avantage pour
son parti : il se plaignait à ses amis de la len-
teur et de l'inexécution des paroles du roi
de Danemarck : il envoya une de ses créatures en toute diligence à ce prince pour lui
représenter le péril où il se trouvait exposé,
et pour le presser de s'avancer à la tête de ses
troupes ; et pour gagner temps il demanda
au sénat que l'on convoquât de nouveaux états,
sous prétexte que la plupart des députés qui
composaient l'assemblée de Westeråhs, étaient
créatures ou alliés de son ennemi.

Les états, offensés de l'orgueil et de la rébellion de ce prélat, résolurent de s'assurer
de sa personne, et de lui faire son procès.
On pria l'administrateur de faire investir la
place où il s'était retiré ; on arrêta en même

temps son père et ceux de ses parens et de ses amis qui étaient suspects, et qui pouvaient prendre les armes en sa faveur ; et comme les états prévirent que cette affaire engagerait infailliblement la querelle avec le roi de Danemarck, l'administrateur fut prié de convoquer toutes les milices, et de mettre le royaume en état de n'être pas surpris par ses ennemis.

Ce prince ne fut pas fâché que l'archevêque se fût commis avec les états ; il se voyait par-là en état de se venger, sous prétexte de poursuivre un rebelle : il convoqua aussitôt la noblesse et les milices ; ses amis, de leur côté, et ses parens lui amenèrent des secours considérables ; chacun voulut signaler son zèle pour la patrie, et son affection pour le prince dans une guerre où il s'agissait de soutenir son élection, et de défendre la liberté du royaume.

Mais parmi ces seigneurs qui s'empressaient de donner des marques de leur attachement pour l'administrateur, personne ne fit paraître plus de chaleur pour ses intérêts que Gustave Ericson, grand enseigne de la couronne : c'était un jeune seigneur âgé de vingt-six ans, descendu des anciens rois de Suède, petit-neveu du roi Canutson, et fils du sénateur Eric Wasa, gouverneur de l'Hallandie; il était cousin germain de l'administrateur; il avait été élevé auprès de ce prince, dont il était comme le favori : il avait l'esprit naturellement grand et hardi, le cœur avide de gloire, et beaucoup plus sensible à l'ambition qu'aux plaisirs : il partageait avec son père l'estime et la confiance de l'administrateur; mais l'âge avancé de ce sénateur, et je ne sais quoi de timide qui se trouvait toujours dans ses avis, faisaient que, sans le considérer moins, le prince goûtait cependant davantage Gustave, dont l'esprit aussi solide, mais plus hardi et plus entreprenant, ne lui proposait jamais que des desseins conformes à son courage et à son inclination.

Ce fut par le conseil de ce jeune seigneur qu'il résolut de donner des armes à feu aux paysans, qui ne se servaient encore la plupart que d'arcs et de flèches : ce prince fit acheter à Lubeck un nombre considérable de mousquets; on en chargea un vaisseau qui mit aussitôt à la voile pour Stockholm, mais qui fut pris par l'amiral de Christiern à la sortie de l'embouchure de la Trave, qui passe à Lubeck ; et par cet acte d'hostilité la guerre fut déclarée et recommença entre les deux nations, malgré les états de Danemarck qui avaient plus de penchant pour la continuation de la trève.

L'administrateur, privé de ce secours, ne laissa pas de faire avancer ses troupes pour assiéger l'archevêque : il se mit à la tête des milices, qui formaient le corps le plus nombreux de son armée, et il donna le commandement de la cavalerie à Gustave. Les évêques de Strengnàz et de Linkiòping prirent les devans, sous prétexte de s'entremettre pour ramener l'archevêque à son devoir, mais en effet pour l'avertir de la marche et des forces de l'administrateur : ces deux prélats n'avaient pas moins de penchant pour les Danois que l'archevêque ; mais plus habiles et plus politiques que lui, ils cachèrent avec soin une inclination inutile à leur parti, et périlleuse pour eux dans une conjoncture où toute la nation s'était déclarée pour l'administrateur. Ils s'excusèrent auprès de l'archevêque quand ils furent arrivés à Stèque, de ce qu'ils ne se déclaraient pas contre ce prince, comme ils

en étaient convenus à Upsal : ils lui représentèrent que la prudence ne leur permettait pas
d'éclater avant que le roi de Danemarck fût
entré dans le royaume pour les appuyer : ils
l'exhortèrent à faire lui-même attention aux
forces de l'administrateur, qui dans peu de
jours paraîtrait au pied de son château avec
une armée nombreuse : ils lui dirent qu'il devait en habile homme conjurer l'orage qui
allait fondre sur lui, et amuser ce jeune prince
par quelques soumissions apparentes, dont
après tout il saurait bien se dégager quand
son parti serait plus puissant.

L'archevêque rejeta les avis de ces prélats
avec beaucoup de mépris et de fierté : il leur
reprocha leur faiblesse, qu'il traitait de trahison et de lâcheté : il leur dit qu'il venait d'apprendre par un envoyé de Christiern que ce
prince se disposait à entrer dans le royaume
avec toutes ses forces ; que sa flotte était équi-
pée et prête à faire une descente ; que l'administrateur n'était guère en état de s'opposer
à une puissance si redoutable ; qu'il espérait
voir dans peu de temps le roi de Danemarck
sur le trône de la Suède, et que pour lors ils
devaient craindre que ce prince ne mît peu

de différence entre ses faux amis et ses ennemis déclarés : ces prélats n'ayant pu rien gagner sur cet esprit farouche et indomptable, se retirèrent pour faire place aux troupes de l'administrateur, qui parurent en même temps devant cette forteresse.

Ce prince espérait emporter cette place avant que les Danois fussent en état de faire aucune diversion ; mais à peine avait-il ouvert la tranchée qu'il fut averti que les Danois avaient fait une descente proche Stockholm, et qu'ils mettaient tout à feu et à sang : ce prince partagea son armée ; il laissa son infanterie dans les lignes, et avec sa cavalerie marcha aux ennemis accompagné de Gustave, et suivi de toute la jeunesse de Suède, qui brûlait d'impatience de se signaler sous le commandement et aux yeux du prince.

(*a*) L'administrateur rencontra les Danois proche le château de Wedel ; Gustave les chargea le premier à la tête d'un escadron : le combat fut sanglant et disputé avec toute l'opiniâtreté qui se rencontre ordinairement dans les premières occasions où il s'agit de l'honneur de la nation, et en quelque manière du

(*a*) An 1517, août.

succès de la campagne : la victoire se déclara à la fin pour les Suédois ; les troupes de Danemarck furent défaites ; la plupart furent taillées en pièces ; ceux qui échappèrent regagnèrent leurs vaisseaux avec précipitation , et se retirèrent en Danemarck.

L'administrateur donna toute la gloire de cette action à Gustave, qui, après avoir enfoncé les ennemis avec beaucoup de vigueur, s'était mêlé parmi eux l'épée à la main, et les avait poursuivis jusqu'au bord de leurs vaisseaux, sans leur donner le temps de se remettre ni de se rallier. Ce fut par cette action que le prince commença à le considérer comme une personne utile, après l'avoir aimé comme un homme d'un caractère agréable. Il admirait l'inclination et le génie surprenant que ce jeune seigneur avait pour la guerre, le courage, la valeur, et sur-tout la présence d'esprit qu'il avait fait paraître dans la première action où il eût tiré l'épée; et ce prince était d'autant plus touché de ces qualités que c'était celles où il se connaissait le mieux, et pour lesquelles il avait naturellement le plus d'inclination.

L'administrateur ramena ses troupes victorieuses au siége de Stèque. L'archevêque fut consterné de la défaite des Danois, qui l'abandonnaient à ses ennemis : il se flattait que le roi de Danemarck ferait de plus grands efforts pour le soutenir. Les évêques et ses autres partisans, intimidés par la puissance du prince et par la retraite des Danois, n'osaient se déclarer ; on avait même arrêté ou chassé de leurs places ceux qui étaient suspects : l'administrateur poussa ses travaux jusqu'au pied de la muraille. Ce prélat ne pouvait plus tenir ; et sa fierté naturelle, et son animosité contre ce prince, lui permettaient encore moins de se rendre ; il se défendit encore quelques jours avec toute la fureur et toute l'opiniâtreté d'un homme désespéré qui veut s'ensevelir dans sa place ; mais les principaux officiers de sa garnison ne s'étant pas trouvés de la même humeur, et craignant d'être traités en rebelles s'ils étaient pris d'assaut et l'épée à la main contre le prince et les états, ils forcèrent ce fier prélat de capituler.

Il demanda à faire lui-même sa composition avec l'administrateur, et il offrit de passer dans son camp et de se rendre à sa tente, pourvu qu'il lui voulût donner Gustave en

ôtage. Stenon ayant consenti à cette proposition, Gustave entra dans la place en même
temps que l'archevêque en sortit pour se rendre au camp de l'administrateur : ce prélat,
craignant encore d'être arrêté malgré cet
échange, inviolable selon le droit des gens,
voulut au moins pourvoir à sa vengeance, si
on lui manquait de parole : il savait à quel
point Gustave était cher à l'administrateur ;
il ordonna aux officiers de sa garnison, avant
que de sortir de la place, de faire pendre ce
seigneur aux créneaux du château, en cas
qu'ils apprissent que l'administrateur l'eût fait
arrêter.

Il se rendit ensuite chez ce prince, et il demanda à faire son traité avec autant de hauteur et le même air de confiance que s'il eût
défendu la place, pour le service de sa patrie,
et contre les ennemis de la nation. L'administrateur, qui voulait toujours faire regarder cette affaire comme un crime d'état et une
rébellion manifeste, refusa d'entrer dans aucune explication : il demanda seulement de
mettre garnison dans la forteresse au nom
des états : il dit à l'archevêque que le sénat
prononcerait sur sa conduite, et ordonnerait

des autres conditions du traité ; et il ajouta qu'il ne se trouverait pas même au sénat quand on règlerait cette affaire, et qu'il ne serait jamais son juge ni son ami, puisqu'il refusait de reconnaître sa dignité.

L'archevêque, toujours également fier et audacieux, crut que l'administrateur, malgré la fermeté de sa réponse, ne le renvoyait au sénat que dans la vue de faire naître à quelques sénateurs le dessein de les accommoder : il remit sa place à ce prince, et ayant exigé un sauf-conduit de lui, il se rendit à Stockholm suivi de ses partisans, et avec un cortège et un équipage aussi magnifique que s'il eût triomphé de tous ses ennemis : il se croyait encore si redoutable par ses liaisons avec le roi de Danemarck, qu'il ne doutait pas que ses juges ne fussent bien aises qu'il voulût être innocent : il se flattait même qu'on ne regarderait au plus son affaire que comme une querelle particulière entre l'administrateur et lui, causée par la jalousie du gouvernement, et dont il serait quitte s'il voulait seulement faire dire au prince, qu'il reconnaissait sa dignité.

Mais il fut trompé dans ses vues ; il ne fut pas plutôt à Stockholm que l'on commença à instruire son procès dans les formes : le sénat se voyant appuyé par l'administrateur, qui était toujours à la tête de son armée, prononça hautement contre ce prélat : il fallut même que les évêques de Linkiòping, de Strengnàz et de Skara, qui étaient revêtus de la dignité de sénateurs, se rendissent à la pluralité des voix : ils souscrivirent à sa condamnation, de peur de se rendre suspects d'avoir favorisé sa révolte ; ce prélat fut déclaré ennemi de la patrie : le sénat ordonna qu'il donnerait incessamment la démission de son archevéché ; qu'il se retirerait dans un monastère pour y faire pénitence de tous les désordres qu'il avait causés dans le royaume par son ambition ; que la forteresse de Stèque, qui avait donné lieu à l'entrée des Danois en Suède, et qui sous d'autres archevêques avait toujours servi de retraite aux rebelles, serait rasée ; que l'administrateur serait remercié de la vigilance qu'il avait apportée à étouffer la rébellion, et que tout le royaume s'unirait pour soutenir sa conduite, et l'arrêt du sénat, si le pape, prévenu ou mal informé, entreprenait de faire rétablir l'archevêque.

Cet arrêt fut mis dans les registres publics, signé de tous les sénateurs, séculiers et ecclésiastiques; et en conséquence la forteresse de Stèque fut rasée, et l'archevêque contraint de renoncer à sa dignité. Ce prélat donna sa démission en plein sénat, pour être envoyée au pape, mais en même temps il dépêcha une de ses créatures à Rome pour protester de la violence qu'on lui avait faite, et pour implorer la protection du Saint-Siége.

Le roi de Danemarck de son côté employa en sa faveur tous les amis qu'il avait à la cour de Rome. L'abdication de ce prélat ruinait ses desseins et son parti : ce prince, moins consterné qu'irrité de la défaite de ses troupes, armait tout de nouveau, et se préparait à faire un puissant effort contre la Suède, la campagne suivante ; car les états de Danémarck étaient enfin entrés dans cette guerre par ressentiment de la défaite de Wedel : il avait même envoyé jusqu'en Moscovie pour solliciter le Czar de faire la guerre à l'administrateur, et il n'aurait pas été fâché que le pape se fût déclaré en même temps contre ce prince, et qu'il eût joint les foudres ecclésiastiques aux armes qu'il destinait contre lui.

Le pape, sur les plaintes de l'archevêque, et à la sollicitation de ce prince, ordonna au légat Arcemboldi, qui était encore en Danemarck, de repasser en Suède, et de menacer de sa part l'administrateur de l'excommunier s'il ne rétablissait incessamment l'archevêque dans sa dignité. Le légat, étant arrivé en Suède, n'oublia rien pour engager ce prince à donner satisfaction au pape : il lui représenta en particulier, et même avec une franchise et une confiance peu convenable à son caractère, mais qui semblait être une suite de leur première liaison et le prix de ses bienfaits, combien l'indignation et le mécontentement de la cour de Rome étaient redoutables aux plus grands princes ; qu'il devait craindre sur-tout les suites de l'excommunication ; que le peuple, de concert dans cette occasion avec le clergé, abandonnerait aussitôt son parti, et que ses amis mêmes et ses créatures les plus dévouées se laisseraient peut-être ébranler assez facilement par la crainte des foudres de l'église : au reste qu'il avait assez satisfait

à son autorité et même à son ressentiment
par l'abdication de l'archevêque ; qu'il devait
se faire un mérite de son rétablissement auprès du Saint-Père , et que le pape serait engagé par cette déférence à se rendre à l'avenir
caution de sa conduite.

L'administrateur fit part au sénat de la demande et des menaces du pape ; les évêques
de Linkiòping , de Strengnàz et de Skara , qui
n'avaient souscrit qu'à regret à la condamnation de l'archevêque , appuyèrent fortement
la sollicitation du légat ; mais tous les sénateurs séculiers , qui composaient le plus grand
nombre et le plus puissant, s'y opposèrent
unanimement : ils représentèrent à l'administrateur qu'il ne devait pas s'effrayer mal-à-
propos des foudres du Vatican ; qu'ils tiraient
de la crédulité et de la soumission de ceux
contre qui on les lançait la plus grande partie
de leur force ; qu'on n'ignorait pas que toutes les machines de la cour de Rome étaient
toujours couvertes du manteau de la religion ;
qu'il n'y avait qu'à mépriser ces sortes de
menaces pour les rendre vaines et inutiles ;
que les papes ne pouvaient leur pardonner
de s'être affranchis du denier de S. Pierre , et

que le roi de Danemark, de concert avec Léon X , sollicitait le rétablissement d'un rebelle pour se rendre maître du royaume.

Sténon , par leur conseil, répondit au légat qu'il était surpris que le pape s'intéressât si fort pour un traître qui avait été pris les armes à la main, et qui méritait même la mort pour son intelligence avec les Danois ; que le caractère et la dignité de ce prélat ne le mettaient pas à couvert de la justice de son souverain ; qu'on avait cru lui faire grace en ne le condamnant qu'à une prison perpétuelle ; que tous ses confrères avaient même souscrit à sa condamnation, et qu'on ne pouvait le rétablir sans exposer le royaume à de nouveaux troubles. Ce prince fit goûter ces raisons au légat par de nouveaux présens ; et afin de le convaincre efficacement des torts de l'archevêque , et pour intéresser en même temps le pape dans sa déposition , il offrit à Arcemboldi le riche archevêché d'Upsal, et il s'engagea d'obtenir des états en sa faveur qu'il pourrait pendant sa vie jouir de tout le revenu sans être obligé de résider dans le royaume.

Le légat, à la vue des grands biens qu'il se

flattait de tirer de ce riche bénéfice, oublia son instruction et les ordres du pape : il reçut avec joie la proposition du prince ; il approuva sa conduite, et il blâma publiquement celle de l'archevêque : il écrivit à Rome contre ce prélat, et il manda au pape qu'il avait justement attiré l'indignation de l'administrateur et des états de Suède par sa rébellion ; il fit agir en même temps ses amis auprès du Saint-Père pour faire confirmer sa déposition, et pour obtenir la liberté de concourir dans l'élection qui se devait faire au sujet de son successeur ; mais le Saint-Père lui refusa l'agrément nécessaire pour être pourvu de cette dignité, soit par égard pour la maison d'Autriche et le roi de Danemarck, qui appuyaient les intérêts de l'archevêque, ou peut-être qu'il fut justement offensé contre ce légat de la manière peu édifiante dont il avait porté les indulgences dans le nord.

(a) Le pape, sur le refus que faisait l'administrateur de rétablir l'archevêque, mit le royaume de Suède en interdit : il excommunia ce prince et tout le sénat ; il les condamna à faire rebâtir à leurs dépens la forteresse de

(a) An 1518.

Stèque, et à une amende de cent mille ducats envers l'archevêque. Christiern fit adresser la bulle, pour la publier, à Théodore, archevêque de Lunden en Danemarck, et à l'évêque d'Odensée en Fionie; et ce prince était prié dans la bulle d'en appuyer l'exécution, avec ordre de traiter les Suédois désobéissans comme des excommuniés et des schismatiques opiniâtres.

La précipitation avec laquelle cette bulle avait été fulminée surprit tout le monde; et les Suédois sur-tout furent étrangement scandalisés du dernier article qui en confiait l'exécution au roi de Danemarck : ils disaient qu'il ne convenait pas au pape, qui était le père commun de tous les chrétiens, de prendre parti dans leurs différens, mais qu'il devait encore moins se servir de sa puissance, qui était toute spirituelle, pour protéger un rebelle et un traître, et pour autoriser un prince qui voulait se rendre maître de leurs biens et de leur liberté. Le sénat défendit sous de grièves peines qu'on déférât à cette bulle, et l'administrateur se mit en état de résister aux armes de Christiern, sans lesquelles il redoutait peu celles du Vatican.

Le légat ne pouvant plus demeurer avec bienséance auprès d'un prince que son maître venait d'excommunier, fut contraint d'abandonner la Suède et l'espérance de l'archevêché d'Upsal : il repassa en Danemarck, où il trouva Christiern qui assemblait ses troupes, et qui les faisait marcher du côté de la Suède. (a) Ce prince n'eut pas plutôt reçu la bulle du pape qu'il entra dans ce royaume à la tête de son armée. Il mit d'abord tout à feu et à sang pour porter la terreur et l'épouvante parmi les Suédois ; et cependant, pour donner une couleur de justice et une apparence de religion à des cruautés auxquelles il ne se portait que par vengeance et pour ses intérêts, il faisait afficher la bulle du pape dans tous les lieux où ses troupes commettaient ces violences, comme s'il n'eût été que le ministre du Saint-Père.

Il s'avança jusqu'à Stockholm, et mit le siége devant cette place. Il espérait que la terreur de ses armes, la surprise des bourgeois, et sur-tout la crainte et la frayeur de l'excommunication, causeraient dans la ville quelque émotion dont il pourrait profiter ;

(a) An 1518, mai.

mais le gouverneur et les magistrats y mirent un si bon ordre qu'on n'eut rien à craindre de ce côté-là. Le peuple de Stockholm, ennemi de la domination des Danois, résolut de se défendre jusqu'à la dernière extrémité. Les bourgeois, mêlés avec les soldats de la garnison, faisaient souvent de furieuses sorties. Les Danois ne gagnaient pas un pied de terrain qui ne leur coûtât beaucoup de monde ; ils perdaient même souvent pendant le jour les postes qu'ils avaient emportés à la faveur de la nuit ; le feu continuel de la garnison faisait périr beaucoup de soldats, et la difficulté de recouvrer des vivres achevait de ruiner l'armée.

Les capitaines de Christiern lui conseillaient de se retirer avant qu'il y fût contraint par les Suédois qui s'avançaient pour secourir la place ; mais ce prince violent, piqué de la résistance des bourgeois de Stockholm, s'opiniâtra à continuer le siége : l'administrateur de son côté se disposait à marcher contre lui avec toutes les forces du royaume. Dans cette occasion toute la nation s'ébranla, tout le monde s'assembla pour combattre : ce n'était pas une véritable armée qui fût composée de troupes réglées, c'étaient des peuples entiers qui s'armaient tumultuairement pour la défense de leur liberté ; on vit accourir dans l'armée de ce prince des troupes de paysans, dont les uns descendaient des montagnes, et les autres sortaient de leurs forêts, la plupart habillés de peaux de bêtes sauvages, armés bizarrement, mais pleins d'une férocité qui leur tenait lieu de valeur, et qui les faisait combattre avec opiniâtreté jusqu'à la mort.

(*a*) L'administrateur ayant assemblé toutes ses troupes, marcha droit au roi de Danemarck. Ce prince, craignant d'être enfermé entre l'armée des Suédois et la ville, leva le siége ; mais dans le mouvement qu'il fit pour se rembarquer, l'administrateur le chargea si à propos, qu'il défit presque toute son arrière-garde ; la crainte de l'ennemi qui approchait, l'empressement des soldats pour s'embarquer, mirent le désordre et la confusion parmi eux : la plupart furent taillés en pièces ; il y en eut plusieurs de noyés en voulant gagner leurs vaisseaux à la nage. Les Suédois prirent tout le bagage, et ils firent plus de trois cents prisonniers, la plupart

(*a*) An 1518, juillet.

officiers et gens de distinction, qui firent ferme pendant que leurs troupes s'embarquaient, et qui sauvèrent aux dépens de leur liberté le roi même, et la meilleure partie de son armée.

La disgrace de ce prince ne se termina pas à la défaite de son arrière-garde : il s'était embarqué pour retourner en Danemarck ; le vent se trouva si long-temps contraire à la route qu'il lui fallait tenir pour son retour, qu'il fut plus de trois mois sans pouvoir sortir de la rade de Stockholm : les vivres commencèrent à manquer sur sa flotte ; il fit plusieurs descentes pour en recouvrer ; mais il fut toujours repoussé par la cavalerie suédoise. Gustave la commandait, et ce seigneur, plein de courage et toujours en action, traversait tous ses desseins, et le contraignait de se rembarquer. La flotte danoise était réduite dans la dernière misère ; elle manquait également d'eau et de vivres, il mourait tous les jours un nombre considérable de soldats. Christiern se voyait exposé à périr lui-même, ou par le défaut de vivres, ou par les maladies contagieuses qui étaient dans son armée.

Pour se tirer de cet embarras il envoya

proposer une trève de quelques jours à l'administrateur, sous prétexte de traiter de la rançon des prisonniers : celui qui était chargé de cette commission fit entendre habilement à ce prince qu'il ne serait peut-être pas difficile de changer cette trève en une paix éternelle entre les deux nations. L'administrateur n'ignorait pas l'extrémité où Christiern était réduit; il ne lui aurait coûté pour achever de vaincre que de laisser périr son ennemi par la faim; mais soit générosité, soit l'espérance d'une paix qui l'aurait affermi pour toujours dans sa dignité, il consentit à la trève, et il fit partir en même temps quantité de barques chargées de vivres et de rafraîchissemens pour le roi et pour toute sa flotte.

Christiern résolut de se servir de l'inclination que ce prince paraissait avoir à la paix pour se rendre maître de sa personne : il feignit d'être touché de la manière généreuse dont il l'avait secouru; il lui fit proposer de passer sur sa flotte pour traiter ensemble de la paix; et pour sa sûreté il lui envoya jusque dans son palais plusieurs personnes de qualité des plus considérables de son armée.

L'administrateur, prince d'un caractère

plein de franchise, se disposait à lui donner cette satisfaction ; mais le sénat s'opposa à cette démarche, soit par la crainte de quelque surprise, ou pour soutenir toujours dans la personne de l'administrateur la dignité de l'état. Stenon renvoya les otages au roi de Danemarck avec de nouveaux rafraîchissemens, et il fit dire à ce prince qu'il était bien fâché de ne pouvoir passer sur sa flotte comme il paraissait le souhaiter, mais que le sénat trouvait plus à propos que la paix se traitât de part et d'autre par des commissaires qui se rendraient incessamment dans quelque ville frontière dont on conviendrait.

Christiern, chagrin que l'administrateur n'eût pas donné dans le piége, tourna ses vues et ses artifices d'un autre côté : Gustave lui était redoutable par sa valeur et par le crédit de sa maison dans le royaume, et il haïssait particulièrement ce jeune seigneur à cause du zèle et de l'ardeur qu'il faisait paraître pour les intérêts de l'administrateur. Il fit dessein de se rendre maître de sa personne et de cinq ou six autres seigneurs de l'armée de Suède, dans la vue de contraindre l'administrateur à consentir au rétablissement de l'union de

Calmar, par la crainte qu'il lui donnerait de faire mourir ces officiers ; ou du moins il espérait de brouiller ce prince avec les premières maisons du royaume s'il ne consentait pas à tout ce qu'il pourrait exiger de lui pour sauver la vie de Gustave et de ses compagnons.

Il fit proposer à l'administrateur une entrevue dans la ville de Stockholm même, et il offrit de s'y rendre avec quelques personnes de son conseil, pourvu qu'on lui donnât Gustave en otage et six autres seigneurs à son choix ; et pour déterminer ce prince et le sénat à cette proposition, il fit représenter à l'administrateur qu'ils termineraient ensemble plus promptement tous leurs différens que par des plénipotentiaires, qui emploient presque toujours un temps infini dans les seuls préliminaires.

Il n'y avait point d'apparence de refuser une proposition si plausible : Gustave et les autres otages (*a*) se rendirent sur le port de Stockholm ; l'amiral danois, suivi d'un nombre considérable d'officiers, s'avança aussitôt pour

(*a*) Laurens Sigonis, Olaüs Ryning, Benoît Nicolai, Georges Sigones, Heming Gadde.

leur faire compliment : il avait fait glisser auparavant, à la faveur de la trève, un bon nombre de soldats déguisés en matelots, qui s'étaient dispersés en différens endroits du port, sur le prétexte de se pourvoir d'eau-de-vie et de menues provisions, mais qui se réunirent insensiblement auprès de lui sitôt qu'il eût joint Gustave.

L'amiral lui proposa ensuite de passer dans sa chaloupe pour aller saluer le roi, qui se disposait à venir trouver l'administrateur. Gustave eût bien voulu se défendre d'une pareille démarche, et attendre pour passer sur la flotte de Danemarck que ce prince de son côté eût mis pied à terre ; mais l'amiral danois s'était fait si bien accompagner, qu'il vit bien qu'il n'y avait point d'autre parti à prendre, et qu'il valait mieux le prendre de bonne grace que de faire une résistance inutile.

Il passa sur son vaisseau avec les autres otages ; on les conduisit en même temps à Christiern : ce prince les fit arrêter et désarmer contre la foi publique et le droit des gens : il envoya dire ensuite à l'administrateur qu'il leur ferait couper la tête comme à des rebelles et à des excommuniés, s'il s'opposait plus long-temps au rétablissement de l'archevêque, et de l'union de Calmar. Sténon, irrité de cette perfidie, arma aussitôt ce qu'il y avait de barques et de vaisseaux dans le port : toute la noblesse qui se trouvait à Stockholm , et sur-tout les parens et les amis des prisonniers, se jetèrent dedans les premières barques qu'ils rencontrèrent; le prince monta lui-même une frégate qu'il trouva appareillée, et il mit à la voile suivi de sa petite flotte, et résolut avec ces barques d'attaquer les grands vaisseaux de Christiern, et de périr ou de retirer les otages ; mais il ne put rencontrer les ennemis (a) : il s'était élevé, peu d'heures auparavant, un vent favorable pour le roi ; ce prince en profita, il fit lever les ancres, et retourna en Danemarck.

Il n'oublia rien à son retour pour gagner Gustave et ses compagnons ; il employa inutilement les menaces et les promesses pour les détacher du parti de l'administrateur, il les trouva inébranlables. Cette fidélité pensa

(a) David Chytrée, liv. VII, p. 200. Loccen, liv. V, p. 196, édition d'Upsal. Joannes Magnus, liv. XXIII, p. 790. Olaüs Magnus, liv. XVI, p. 289, édition de Leyde.

leur coûter la vie. Christiern ne pouvant les gagner, et redoutant sur-tout le courage et le ressentiment de Gustave s'il était obligé de le relâcher, commanda secrètement qu'on s'en défît; mais l'officier danois à qui il en donna la commission, détestant cet ordre barbare, et craignant peut-être le droit de représailles si le sort des armes le faisait tomber entre les mains des Suédois, représenta à ce prince que la mort de ces seigneurs serait préjudiciable à ses intérêts, et qu'il pouvait au contraire tirer dans la suite beaucoup d'utilité de la crainte qu'il en donnerait à leurs parens; le roi se contenta de les faire enfermer dans le château de Copenhague, où cependant ils furent traités par ses ordres avec tant de dureté, que quelques-uns d'entre eux y périrent de misère.

Eric Banner, seigneur danois, parent de Gustave, touché de compassion, le demanda au roi sur sa parole, et pour l'obtenir plus facilement de ce prince défiant et soupçonneux, il lui représenta qu'il ne souhaitait l'avoir chez lui que pour tâcher de le gagner, et dans l'espérance de le mettre dans ses intérêts. Christiern consentit à sa demande, à condition néanmoins qu'il conduirait son parent dans le château de Kalloë en Jutland, dont il était gouverneur, et qu'il paierait six mille écus d'or pour sa rançon s'il le laissait échapper, et s'il manquait de le représenter aussitôt qu'il le redemanderait.

Banner, plein de générosité, ne trouva point de conditions trop rudes pour sauver la vie de son parent, qu'il croyait être en danger dans le château de Copenhague (a). Il mena avec plaisir Gustave dans la forteresse de Kalloë : il n'y fut pas plutôt arrivé qu'il tâcha par ses manières honnêtes de faire oublier à son prisonnier les mauvais traitemens qu'il avait reçus dans la capitale. La bonne mine, l'air noble et agréable de Gustave, lui gagnèrent bientôt le cœur de Banner et de toute sa famille : il ne fut pas long-temps dans ce château sans avoir la liberté d'en sortir pour se promener, et pour prendre le divertissement de la chasse. On lui proposait tous les jours des plaisirs nouveaux, tout le monde s'empressait pour le divertir ; mais ces soins obligeans ne pouvaient lui faire oublier qu'il était prisonnier ; rien ne pouvait le consoler

(a) An 1518, octobre.

de n'avoir point de part à la gloire et aux événemens de la guerre. Le désir de servir l'administrateur, la passion de défendre sa patrie, et de se venger en même temps de la perfidie de Christiern, l'empêchaient de goûter les plaisirs dont on se servait pour adoucir le chagrin de sa captivité.

Christiern de son côté était toujours tourmenté de la passion de réduire les Suédois sous son obéissance ; le mauvais succès du siége de Stockholm n'avait fait qu'aigrir son ressentiment contre l'administrateur : il ne pouvait pardonner à ce prince la honte qu'il lui avait fait recevoir par la retraite précipitée à laquelle il l'avait contraint, et par la défaite d'une partie de son armée ; il sentait même à tous momens une secrète confusion d'avoir inutilement violé sa parole et le droit des gens dans la personne de Gustave et des autres otages, et sur-tout la considération que le parti qu'il avait en Suède s'anéantissait tous les jours, lui fit prendre la résolution de faire, la campagne suivante, de si grands efforts, qu'il pût accabler l'administrateur, et que le succès de ses armes justifiât en quelque façon, qu'il avait pu en user avec des sujets rebelles, et frappés d'anathême, autrement qu'avec des ennemis ordinaires.

Il avait également besoin de troupes et d'argent pour faire réussir ses desseins : il fit saisir par ses officiers celui du légat Arcemboldi, sous prétexte que ce prélat avait employé l'argent des indulgences en marchandises de contrebande ; mais son véritable crime consistait dans un million de florins qu'il emportait des royaumes du nord, et dans les liaisons qu'il avait eues avec l'administrateur. Christiern avait appris les mauvais offices que le légat avait rendus à l'archevêque auprès du pape, et qu'il avait même fait agir tous ses amis auprès du saint-père pour obtenir l'archevêché d'Upsal ; cela fit croire sans peine à ce prince que cette dignité à laquelle ce prélat aspirait du consentement de l'administrateur, n'était que le prix et la récompense du secret qu'il avait trahi : cette infidélité avait ruiné son parti dans le royaume de Suède; le plaisir d'une vengeance utile l'emporta sur le droit des gens; il fit même arrêter le légat avec tous ses effets ; et de peur d'être obligé dans la suite d'entrer en discussion des priviléges de son caractère, et pour éviter sur-tout la restitution de l'argent qu'il avait fait saisir, il ordonna secrètement qu'on le laissât échapper après lui avoir fait donner mille frayeurs de la mort, afin qu'il se sauvât avec plus de précipitation. Cette conduite envers un légat fit bien voir que tout le zèle et la déférence que ce prince affectait de faire paraître pour les ordres du Saint-Siége n'étaient qu'un moyen d'arriver à ses fins, qu'il couvrait du prétexte de la religion.

Il se servit de l'argent du légat pour faire de nouvelles levées : il mit des impôts extraordinaires dans son royaume, sans la participation des états. Le clergé et la noblesse s'y opposèrent, et refusèrent absolument de contribuer, sous prétexte que ces nouveaux impôts, et même le commencement et la déclaration de la guerre, n'étaient autorisés, ni par le sénat, ni par les états ; mais en effet, parce que l'ambition et l'humeur violente de ce prince commençaient à leur causer beaucoup d'inquiétude, et qu'ils craignaient peut-être autant que les Suédois le succès de ses armes.

Ce prince ne laissa pas de tirer beaucoup d'argent du peuple, qui paie ordinairement

le premier, et que la noblesse et les autres
états abandonnent toujours quand il ne leur
en coûte rien : il employa ces deniers à faire
des levées de troupes étrangères : il appela à
son service tous les aventuriers qui s'y voulurent engager, et il les préféra même aux
Danois dans la distribution des emplois, afin
que ses armes ne fussent pas entre les mains
de gens qui eussent d'autre intérêt que le
sien ; il obtint en même temps de François Ier,
roi de France, quatre mille hommes d'infanterie ; Gaston de Brezé, prince de Foucarmont, et le baron de Gondrin, commandaient ces troupes. Christiern se vit en peu
de temps une armée nombreuse, et qui le
rendait également redoutable à ses sujets et à
ses ennemis : il nomma pour général Othon
Crumpein, qui passait pour un des plus grands
capitaines du nord : il lui confia ses desseins
et le commandement de ses troupes, n'ayant
pas jugé à propos de quitter Copenhague dans
une conjoncture où le sénat et les principaux
seigneurs de Danemarck paraissaient fort mécontens.

(*a*) Othon entra dans la Gothie occidentale

(*a*) An 1519, février.

à la tête de cette armée : ses troupes par son ordre firent des ravages horribles dans cette province, dans le dessein d'attirer les Suédois au combat. L'administrateur s'avança de son côté à la tête de son armée, et suivi de dix mille paysans de cette province qui s'étaient réunis auprès de lui ; ce prince campa à l'entrée de la forêt de Twede, et il fit abattre quantité d'arbres de tous côtés pour fortifier son camp et ses retranchemens. Othon, à la vue de l'armée suédoise, fit paraître quelque frayeur ; il se retira avec une précipitation apparente sur le lac Weter qui était glacé, et il y campa avec toute son armée : Sténon, emporté par son courage, poursuivit avec plus d'ardeur que de précaution un ennemi qu'il croyait trouver en désordre et épouvanté : il laissa son infanterie et les paysans suédois dans les bois, où ils s'étaient retranchés, et avec sa cavalerie il chargea les Danois, qu'il rencontra proche Bogesund. Sa valeur et son exemple firent combattre ses soldats comme des gens qui voulaient vaincre ou mourir ; ce prince, à la tête d'un escadron qui était composé de la première noblesse du royaume, poussa et rompit tout ce qui se présenta devant lui, et déjà la victoire se déclarait en sa faveur, lorsque dans la chaleur du combat il fut frappé d'un coup de canon qui lui emporta une jambe : les Suédois épouvantés de la blessure de leur général, s'ébranlèrent; Othon sut profiter de ce mouvement de terreur qu'il aperçut dans ses ennemis; il fit tirer de nouveau son canon chargé à cartouches au travers des escadrons suédois; son infanterie s'avança en même temps, qui faisait un feu continuel; la cavalerie suédoise, destituée de son général, se battit d'abord en retraite; mais craignant à la fin d'être enveloppée, elle se débanda, chacun chercha son salut dans la fuite; ce ne fut plus un combat, mais une déroute générale; on déroba l'administrateur à la poursuite des Danois, ses gens l'emportèrent sur un traîneau : il mourut de sa blessure proche Strengnaz, comme on le transportait à Stockholm. C'était un prince plein de valeur, mais peu habile, sans politique, et plus propre à commander un parti qu'à gouverner un état.

Othon qui savait vaincre fit marcher aussitôt ses troupes contre l'infanterie suédoise, et les paysans qui occupaient le passage du Twede : il se flattait d'emporter aisément leurs retranchemens : il les fit attaquer par l'infanterie danoise; mais les Suédois se battirent avec tant de courage, qu'ils forcèrent cette infanterie d'abandonner l'attaque, après avoir perdu beaucoup de monde au pied des retranchemens.

Othon, au désespoir de la lâcheté de ses troupes, fit renouveler l'attaque par l'infanterie française qui était dans son armée, et il fit en même temps le tour de ces retranchemens pour tâcher de trouver un passage plus facile et moins défendu : le prince de Foucarmont s'avança de son côté à la tête des Français : il monta le premier l'épée à la main sur les retranchemens, mais il reçut aussitôt un coup de flèche qui le renversa dans le fossé ; ses soldats, irrités de la blessure de leur commandant, se poussèrent avec fureur contre les Suédois, et ils emportèrent ces retranchemens malgré une résistance inconcevable. Othon, à la faveur de l'attaque des Français, s'ouvrit en même temps un passage. Les Suédois, affaiblis par un long combat, et enveloppés de tous côtés, se défendaient encore avec une valeur extraordinaire; la plupart de ces paysans, furieux de désespoir, s'enfonçaient dans les bataillons ennemis, contens de périr, pourvu qu'ils vengeassent leur mort par celle d'un ennemi : ils furent presque tous taillés en pièces ; la nuit favorisa la retraite de quelques-uns, qui se jetèrent dans les bois, d'où ils regagnèrent chacun leurs cantons et leurs villages.

Le général danois, ne trouvant plus d'obstacle, passa la forêt de Twede, et pénétra dans le cœur du royaume : tout fuyait devant lui : il n'y avait ni troupes ni milices sur pied qu'on pût lui opposer, chacun se retirait dans les provinces les plus éloignées ; la plupart des sénateurs s'enfermèrent dans leurs châteaux ; la veuve de l'administrateur se retira dans la citadelle de Stockholm, avec deux jeunes enfans du prince Sténon son mari. Les paysans, consternés de la défaite de leurs compatriotes, s'étaient réfugiés dans les bois ; il n'y avait que l'élection d'un administrateur qui pût rétablir les affaires de la Suède : il aurait fait prendre de nouveau les armes à la noblesse, toutes les milices et ce qu'il y avait de troupes dispersées se seraient ralliées auprès de lui, et c'était d'ailleurs un obstacle à l'élévation de Christiern sur le trône de ce royaume.

Le clergé n'oublia rien dans cette conjoncture pour traverser une élection si préjudiciable aux intérêts de ce prince. L'archevêque n'eut pas plutôt appris la mort de l'administrateur, qu'il sortit de sa retraite : il reprit les marques de sa dignité à laquelle il avait renoncé solennellement dans le sénat : il rentra dans Upsal, et il fit déclarer cette ville en faveur du roi de Danemarck. Les évêques de Linkiôping et de Strengnâz, partisans secrets de ce prince, mais qui avaient affecté de ne se pas déclarer ouvertement pour aucun parti, tant que l'événement de cette guerre avait été incertain, publiaient alors hautement la justice de ses armes : ils parcoururent chacun leurs diocèses pour empêcher la noblesse de prendre les armes : ils gagnaient les uns par des vues de récompenses, et ils intimidaient les autres par des menaces de la puissance et du ressentiment de Christiern. Ils représentaient indifféremment à tout le monde que la Suède n'était plus en état de résister aux Danois ; que le dernier administrateur, en désobéissant au chef de l'église, s'était justement attiré tous les malheurs sous lesquels il avait succombé ; qu'une nouvelle élection ne servirait peut-être qu'à rendre les Suédois plus coupables, et que c'était exposer le royaume à une désolation générale, pendant qu'on y pouvait rétablir le calme et la tranquillité par une soumission aux ordres du Saint-Père, et par une bonne paix avec le Danemarck.

Ils attirèrent par de semblables discours trois sénateurs (a) dans leur parti, et plusieurs seigneurs, dont les terres se trouvaient sans défense, et les premières exposées au pillage et à la fureur des Danois : ces deux prélats, sous prétexte de s'intéresser à la conservation de leur pays, engagèrent ces seigneurs à députer vers le général Othon, pour lui demander une trève au nom de toute la nation, et ils le firent assurer par leurs députés qu'ils ne s'en serviraient que pour prendre des résolutions qui seraient également utiles aux deux royaumes, et agréables au roi son maître.

Othon, qui ne voulait pas donner le temps aux Suédois de se reconnaître, n'accorda

(a) Eric Troll, Eric Abrahami, Benoît Canut.

qu'onze jours de trève, et il exigea que pendant ce temps-là les états s'assembleraient incessamment à Upsal, où il se rendrait lui-même pour y traiter des intérêts du roi de Danemarck. L'archevêque, comme premier sénateur né de l'état, convoqua l'assemblée; le clergé fit tous ses efforts pour persuader à la noblesse et aux paysans de s'y rendre, ou d'y envoyer des députés ; mais la plupart refusèrent hautement de tenir les états dans une ville qui venait de se déclarer pour les ennemis, et où ils savaient bien que les Danois donneraient la loi : il ne se trouva à Upsal que les évêques du royaume, trois sénateurs qu'ils avaient gagnés, et quelques seigneurs de la Gothie occidentale, intimidés par la présence des troupes d'Othon, et par les menaces de ce général danois. L'archevêque ne laissa pas d'ouvrir les états, qui, n'étant composés que de ses amis et de ses créatures, suivirent aveuglément tous ses mouvemens. Othon y parut accompagné des principaux officiers de son armée : il demanda l'extinction de la dignité d'administrateur, et le rétablissement de l'union de Calmar en faveur du roi son maître : il obtint sans peine ce qu'il voulut d'une assemblée dont il disposait ; les états prévinrent même ses demandes et ses préten- tions : ils abolirent la dignité d'administra- teur, et ils condamnèrent la mémoire des princes qui en avaient été revêtus comme ayant été rebelles à leur souverain légitime ; chacun se faisait un mérite de donner des marques d'aversion et d'éloignement pour les intérêts de son pays, et Othon n'eut de peine qu'à modérer des honneurs excessifs qui pou- vaient faire soupçonner que le traité qu'il fai- sait avec les états n'avait été signé que par des traîtres ou par des gens dont les suffrages avaient été violentés.

(*a*) Ce général promit, au nom du roi son maître, de conserver à la Suède ses lois et ses priviléges, d'observer ponctuellement tou- tes les conditions du traité de Calmar ; que les prisonniers, et spécialement Gustave Ericson, seraient délivrés sans rançon, et que l'on ne pourrait rechercher personne pour les diffé- rens partis où l'on se serait engagé depuis la mort de l'administrateur Suante : l'archevêque donna ensuite le titre de roi de Suède à Chris- tiern, au nom de toute cette assemblée, comme s'il eût été véritablement avoué par les états

(*a*) An 1519, mai.

généraux du royaume, et il écrivit en même temps dans les provinces qu'on eût à recevoir ce traité, et à se soumettre à cette résolution des états d'Upsal, avec menaces de punir rigoureusement ceux qui refuseraient de s'y conformer.

Othon fit avancer ensuite son armée dans les provinces les plus éloignées pour y faire reconnaître l'autorité de son maître; il battit en différentes occasions les paysans qui commençaient à s'attrouper et à reprendre les armes; ces peuples naturellement féroces ne purent souffrir que leurs ennemis parussent si près de leurs villages sans se mettre en défense : ils attaquèrent les Danois avec autant de résolution que si leurs forces avaient été égales : ils ne cédaient à leurs ennemis ni en courage, ni même en nombre et en quantité de troupes; mais ils manquaient de chefs et de fortune : Othon eut bientôt dissipé ces milices qui combattaient avec plus d'impétuosité que d'ordre; il envoya de tous côtés des partis qui brûlaient les villages, et qui poursuivaient ces paysans jusque dans leurs forêts, et ses troupes en firent périr une prodigieuse quantité.

L'archevêque, pour intimider les autres par

quelque chose de plus redoutable pour ces paysans que la mort même, défendit au clergé de donner la sépulture chrétienne à ceux qui mourraient les armes à la main contre un prince autorisé par les ordres du pape. Le général danois portait lui-même le fer et le feu dans les châteaux des seigneurs qui refusaient de se soumettre, en même temps qu'il comblait d'honnêtetés ceux qui se déclaraient en sa faveur : les seigneurs et les gentilshommes, peu unis entre eux, subirent enfin le joug de la domination danoise, tout le monde fut contraint de se soumettre : on courait au-devant du vainqueur, et on se pressait de faire sa paix en particulier ; la plupart des villes envoyèrent des députés pour promettre obéissance ; il n'y eut que Stockholm et Calmar qui restèrent dans le parti de la veuve de l'administrateur. Othon investit la capitale, et disposa ses troupes dans les quartiers d'une manière qu'il ne pouvait entrer aucun secours dans cette ville que par mer (a). Il écrivit ensuite au roi de Danemarck pour lui rendre compte du succès de ses armes, et du traité d'Upsal.

(a) An 1519, novembre.

Les nouvelles de la réduction de la Suède remplirent de joie toute la cour de Danemarck. Christiern seul parut inquiet et chagrin ; ce prince défiant et ombrageux craignait que le général Othon ne se servit de son armée, qui n'était composée que d'étrangers, pour se rendre maître en son nom du royaume, ou que les Suédois, dans le désespoir de se voir soumis aux Danois, ne tentassent sa fidélité, et ne lui offrissent de le reconnaître pour administrateur ; il lui écrivit des lettres pleines de reconnaissance, et conformes aux services qu'il en venait de recevoir ; mais il lui manda en même temps, pour le contenir dans son devoir, qu'il passerait en Suède au printemps suivant, à la tête d'une puissante armée, et qu'il voulait former lui-même le siége de Stockholm : il lui envoya peu de temps après plusieurs vaisseaux chargés de sel, qui était rare et fort cher en Suède, et il lui ordonna de le faire distribuer gratuitement aux principaux de chaque village, afin de faire goûter aux paysans la douceur de son gouvernement.

Gustave ne fut pas long-temps sans apprendre les malheurs de son pays ; il fut touché sensiblement de la mort de l'administrateur ;

il ne douta point que, dans une consternation si générale, le roi de Danemarck ne se rendît maître de toute la Suède ; sa captivité, quoique adoucie par les bons traitemens de Banner, lui devint insupportable ; le désir de venger la mort de Sténon, la passion si naturelle de défendre sa patrie, peut-être même des vues flatteuses d'ambition le déterminèrent à travailler à sa liberté : il connaissait trop bien le roi de Danemarck, pour espérer que ce prince le relâchât tant que la guerre durerait, quoique le général Othon, pour gagner la noblesse, s'y fût engagé par le traité d'Upsal, et d'ailleurs il ne pouvait pas exiger de bonne grace de Banner, quoique son parent, qu'il entrât dans ce dessein contre ce qu'il devait à son roi ; ainsi il résolut de ne devoir sa liberté qu'à lui-même, persuadé qu'il ne ferait aucun tort à Banner, pourvu qu'il lui rendît la somme à laquelle Christiern avait fixé sa rançon.

(*a*) Dans ce dessein il sortit un jour de grand matin du château de Kalloë, sous prétexte d'aller à la chasse dans les bois, ce qui lui était assez ordinaire : il se travestit en paysan, et dans cet équipage il marcha deux

(*a*) An 1519, décembre.

jours à pied, par des chemins détournés, et se rendit à Flensbourg; il ne sortait personne de cette ville sans passe-port; Gustave n'osait se présenter à la porte ni au gouverneur, de peur d'être reconnu; heureusement pour lui, c'était la saison où les marchands de la Basse-Saxe venaient acheter des bœufs en Jutland, où il s'en fait un trafic considérable; Gustave se loua à un de ces marchands allemands pour conduire ces bœufs, et à la faveur de ce déguisement il sortit heureusement des terres de Danemarck, et arriva à Lubeck.

Banner, averti de la fuite de son prisonnier, courut après avec une extrême diligence, et le joignit à Lubeck: il lui reprocha dans la chaleur de son ressentiment une fuite qui l'exposait à l'indignation de son souverain, et à payer même une somme très-considérable. Gustave n'oublia rien pour satisfaire et pour apaiser son parent: il lui représenta l'injustice de sa détention, et la violence qu'on lui avait faite, contre la foi publique et le droit des gens; qu'il avait cependant supporté sa captivité avec patience, tant qu'il avait espéré que Christiern se résoudrait à lui faire justice; mais que ce prince paraissant l'avoir

condamné à une prison perpétuelle, au pré-
judice même du traité d'Upsal, on ne devait
pas trouver mauvais qu'il se fût procuré lui-
même sa liberté; qu'au reste il allait travailler
efficacement à lui faire toucher la somme à
laquelle sa liberté avait été fixée, afin qu'il
n'en pût recevoir aucun dommage.

Banner, convaincu de la justice de ses raisons, et satisfait de sa promesse, retourna
chez lui, et publia qu'il n'avait pu joindre
son prisonnier. Christiern, irrité de sa fuite,
et craignant sur-tout qu'il ne traversât ses
desseins en Suède, envoya des ordres au général Othon, d'employer tous ses soins pour
le faire arrêter. Gustave, sans s'étonner du
péril où il s'exposait, persévéra dans le dessein
de passer dans ce royaume, et d'y former un
parti contre les Danois : il s'adressa à Nicolas
Gems, premier consul de Lubeck, dans la vue
de le faire entrer dans ses desseins, et d'en
tirer quelque secours; et après s'être fait
connaître, il lui représenta l'intérêt que la
régence de Lubeck avait de s'opposer à l'a-
grandissement de Christiern ; que la conquête de la Suède allait rendre ce prince maître
de tout le commerce de la mer Baltique, ce

qui ruinerait dans la suite les négocians des villes anséatiques, et que celle de Lubeck n'ignorait pas de quelle conséquence il lui était que les royaumes du nord ne fussent pas réunis sous un même souverain : il le fit souvenir ensuite de la haine que les Danois avaient toujours fait paraître contre la ville de Lubeck, et au contraire des services constans que les Suédois lui avaient rendus en tout temps : il ajouta qu'il ne croyait pas que la régence eût oublié que cette ville devait sa liberté au roi de Suède Eric Blesus, qui l'avait délivrée en 1248 de l'usurpation tyrannique de Waldemar II, roi de Danemarck ; que le commerce et la protection de la Suède avaient enrichi ses négocians, et qu'il espérait que la ville de Lubeck, par des motifs aussi pressans que ceux de son intérêt et d'une généreuse reconnaissance, se déclarerait dans cette conjoncture pour ses anciens alliés.

Le consul goûta ses raisons, et promit à Gustave de les proposer dans le premier conseil; mais la régence de cette ville, qui n'était composée que de marchands, ne trouva pas à propos de se déclarer en faveur d'un parti qui était sans troupes, et qui paraissait sans ressource. Ces bourgeois, qui n'avaient pour but que la sûreté présente de leur commerce, et qui craignaient d'irriter Christiern, qui avait une puissante flotte, refusèrent même à Gustave de le faire conduire à Stockholm où il voulait se jeter. Le magistrat auquel il s'était adressé ne laissa pas de lui promettre de le faire passer secrètement sur les terres de Suède, soit qu'il eût des vues plus étendues, et qu'il connût mieux les intérêts de sa ville que les autres conseillers, ou, ce qui est plus vraisemblable, qu'il eût un ordre secret de favoriser son passage, sans qu'il parût que la régence y eût part.

Le consul le fit embarquer dans un vaisseau marchand, et il l'assura en partant, que, s'il pouvait former dans le royaume un parti capable de tenir la campagne, la régence se déclarerait en sa faveur. Gustave eût bien voulu descendre dans le port de Stockholm; mais le patron du navire tint une autre route; soit qu'il eût pour cela des ordres secrets, ou que ses affaires et son négoce l'appelassent d'un autre côté : il débarqua Gustave proche Calmar. Ce seigneur entra dans cette ville; elle tenait encore en apparence pour le parti de la

princesse Christine, veuve de l'administrateur, ou pour mieux dire, le gouverneur tenait pour lui-même, et attendait à faire son
traité que les Danois lui offrissent des conditions assez avantageuses pour le dédommager
de son gouvernement.

Gustave se fit connaître au gouverneur et
aux principaux officiers de la garnison, la
plupart allemands, et qui avaient même servi
sous lui dans l'armée du prince Sténon. Il se
flattait qu'à la faveur de sa naissance et de son
ancienne autorité, ils lui déféreraient encore
le commandement. Dans cette pensée il les
exhorta à garder inviolablement à la veuve
de l'administrateur la fidélité qu'ils avaient
promise à ce prince : il leur dit qu'il était venu
se jeter dans leur ville au péril de sa vie, pour
partager avec eux la gloire d'une résistance
honorable : il les assura qu'ils ne manque-
raient pas de secours ; mais ces étrangers,
gens de solde et mercenaires, voyant ce seigneur sans troupes et sans suite, le regardèrent comme un homme perdu, et refusèrent
d'entrer dans son parti ; et sur ce qu'il tenta
de gagner des soldats de la garnison, on le
menaça de le tuer ou de le livrer à Christiern,

s'il ne se retirait. Gustave fut obligé de sortir promptement de la ville : cette affaire ayant éclaté, les Danois mirent quantité de monde en campagne pour l'arrêter ; il fut contraint d'avoir recours à son déguisement ordinaire ; il s'habilla de rechef en paysan ; et à la faveur de ce déguisement il passa, caché dans un chariot chargé de paille, au travers de tous les quartiers de l'armée danoise, et il se rendit ensuite dans un château que son père avait dans la province de Sudermanie.

Il écrivit de là à ses amis pour leur faire part de son retour en Suède, et pour les prier de se rendre auprès de lui avec ce qu'ils pourraient armer de leurs vassaux : son dessein était de se mettre à leur tête, et de forcer quelque quartier de l'armée des Danois pour se jeter dans Stockholm ; mais il ne trouva personne qui voulût s'engager dans un dessein si hardi ; ses parens même refusèrent d'entretenir avec lui aucune correspondance ; ce n'étaient plus ces mêmes Suédois si fiers et si jaloux de leur liberté ; tout ployait sous le joug de la domination danoise, chacun s'appliquait à éloigner de soi le moindre soupçon

de révolte, contens de leur sûreté, et indif-
férens presque pour le salut de l'état.

Gustave, trouvant tant de faiblesse dans ses
amis, s'adressa aux paysans de la province :
il espérait que ces gens naturellement féroces,
et qui n'avaient rien à craindre ni à espérer
de Christiern, se jeteraient avec ardeur dans
son parti : il parcourut d'abord la nuit plusieurs villages pour gagner les principaux, et
il s'exposa même à la fin jusqu'à paraître en
public les jours de fête, pour les exhorter à se
soulever : mais ces gens rebutés de la guerre,
où la plupart avaient perdu leurs parens, lui
répondirent brutalement qu'ils ne manque-
raient jamais de sel ni de harengs sous le gouvernement du roi de Danemarck, mais qu'ils
ne pouvaient manquer de périr s'ils tentaient
le moindre soulèvement contre un prince si
puissant.

Gustave fut sensiblement touché de cette
réponse ; il ne savait quel parti prendre, ni
même où se retirer, il n'y avait de sûreté pour
lui en Suède qu'à la tête d'une armée ; les
Danois le cherchaient toujours avec empressement, et il ne pouvait demeurer long-temps

dans un même lieu, ni aussi changer souvent
de retraite, sans s'exposer à être découvert et
arrêté : il se résolut dans cette extrémité à
tenter au péril de sa vie de se jeter seul dans
Stockholm, espérant que sa présence forti-
fierait le courage des bourgeois et de la garnison, et que la résistance de cette capitale
engagerait peut-être les villes anséatiques à
la secourir : il partit du château de Ràfnàs
sans avoir fait part de son dessein à personne,
il marcha quelques jours par des chemins détournés, et ne logeant que dans des cabanes
écartées, de peur d'être reconnu; mais les
Danois avaient mis tant de monde en campagne, qu'ils pensèrent le surprendre; ils ne
le manquèrent pas d'une heure. Gustave se
voyant poursuivi revint sur ses pas par une
autre route, et il résolut dans cette extrémité
de se cacher pour quelque temps dans un
monastère : il choisit pour sa retraite le couvent des chartreux de Griphysholme, dont ses
aïeux étaient fondateurs : mais ces religieux,
peu touchés des graces passées, et attachés
au contraire jusqu'au scrupule à la conservation des biens présens, s'excusèrent de le
recevoir, sous prétexte qu'ils craignaient d'at-

tirer sur leur maison et sur leur ordre l'indignation de Christiern : il fallut que Gustave
cherchât un autre asile; il retourna dans la
province de Sudermanie : il se retira chez un
paysan, ancien domestique de sa maison, et
il s'y tint caché quelques mois : il se servit de
son hôte pour porter des lettres à différens
seigneurs, dans la vue de tenter encore de
leur faire prendre les armes ; mais tous ses
soins furent inutiles, personne ne branla.
Othon par sa présence, et par le bruit qu'il
avait fait répandre de l'arrivée prochaine de
Christiern à la tête d'une puissante armée,
retint tout le monde dans l'obéissance. Gustave se consola de la faiblesse de ses compatriotes, dans l'espérance que l'arrivée de ce
prince, et la dureté de son gouvernement, ré-
veilleraient enfin l'aversion des Suédois, et feraient naître quelque conjoncture dont il pourrait profiter.

(*a*) Christiern, impatient de jouir de ses
conquêtes, et de se montrer victorieux aux
Suédois, passa dans ce royaume au printemps,
comme il en avait assuré le général Othon :
il fut reçu par l'archevêque et par les autres

(*a*) An 1520, mai.

prélats avec toute la joie que leur donnait l'heureux succès de leurs desseins. L'archevêque se flattait sur-tout que ce prince n'aurait pas plutôt achevé de soumettre tout le royaume, qu'il lui en remettrait le gouvernement entre les mains.

Christiern, à son arrivée, ratifia solennellement le traité d'Upsal; et, comme s'il n'eût manqué que cette formalité pour le rendre véritablement roi de Suède, il fit aussitôt sommer la veuve de l'administrateur et le gouverneur de Calmar de lui remettre ces deux villes; le gouverneur fit son traité sans attendre seulement qu'il fût assiégé : il n'en coûta que de l'argent au roi de Danemarck pour être maître de cette importante place, qui était après Stockholm le port le plus considérable de la Suède. Christiern en donna la gouvernement à Severin de Norbi, gouverneur de l'île de Gotlande, et amiral de Danemarck. Ce prince comblait ce seigneur de bienfaits, pour reconnaître la complaisance aveugle qu'il avait indifféremment pour toutes ses volontés, dans un temps où les sénateurs de Danemarck et les premiers seigneurs de ce royaume croyaient être en droit de dire leur avis, et même de s'opposer à celui du prince quand ils ne le trouvaient pas conforme au bien de l'état.

La veuve de l'administrateur fit paraître plus de courage que le gouverneur de Calmar; elle fit dire à Christiern qu'elle ne pouvait reconnaître pour son souverain l'ennemi de son pays et de sa maison, ni déférer aux résolutions d'une assemblée qui n'était composée que de traîtres et de rebelles, et où même les ennemis de la nation avaient donné la loi. Christiern vit bien par la fermeté de cette réponse qu'il n'y aurait que ses armes qui le rendraient maître de Stockholm; il fit marcher toutes ses troupes pour en former le siége, pendant que sa flotte s'avançait en même temps sous la conduite de Norbi pour fermer le port de cette ville.

Christiern pressait le siége de Stockholm, avec toute l'ardeur et l'application que lui donnaient le désir et l'espérance prochaine de se voir bientôt maître de cette capitale et de tout le royaume : il était jour et nuit à cheval; il encourageait les soldats et les officiers par son exemple et par des libéralités considérables; il ne se passait point de jour

qu'il ne visitât la tranchée et les travaux les
plus avancés : il s'exposait comme le moindre
de ses soldats ; et, ce qui lui était encore plus
difficile, il retenait son humeur violente : il
cachait la haine qu'il portait aux Suédois, et
il caressait même les seigneurs de ce royaume
pour les empêcher de prendre les armes et de
se déclarer en faveur de la veuve de l'administrateur.

Cette princesse ne laissait pas de se défendre avec beaucoup de courage : les soldats
de la garnison, animés par sa présence, et les
bourgeois, encouragés par le succès du premier siége, soutenaient les attaques des Danois avec une valeur extraordinaire : ils ne
manquaient ni de courage ni de résolution,
mais ils commencèrent à manquer de vivres
et de munitions de guerre ; et la ville était
serrée de si près par les armées de terre et
de mer de Christiern, qu'ils ne pouvaient
espérer aucun secours, quand même les Suédois ou leurs alliés auraient pris les armes en
leur faveur. Le roi de Danemarck apprit de
quelques transfuges, avec une joie extrême,
l'état de la ville : il savait bien qu'il ne serait
jamais véritablement roi de Suède, tant qu'il

ne serait pas maître de cette place, et il craignait toujours que Gustave, dont il ne pouvait découvrir la retraite, ne fît soulever
quelque province, ou que les villes anséatiques, à la persuasion de ce seigneur, ne lui
déclarassent la guerre, et qu'elles n'attaquas-
sent le Danemarck pour l'obliger à abandonner la Suède.

Il fit sommer de nouveau la veuve de l'administrateur de lui ouvrir les portes de Stockholm; il fit représenter à cette princesse qu'elle
s'opiniâtrait à une défense inutile; qu'il était
maître de tout le royaume; que ses troupes
logées au pied de la muraille n'attendaient
que ses ordres pour donner un assaut; qu'il
serait fâché qu'elle fût exposée aux suites
d'une ville prise par force, et que les états
d'Upsal l'ayant reconnu par un traité solennel pour souverain de la Suède, une plus
longue résistance passerait justement pour
une rébellion d'autant plus criminelle qu'elle
se trouvait à la tête d'un parti que le pape
avait excommunié; il lui fit offrir ensuite de
lui conserver ses biens et le même rang qu'elle
avait tenu dans le royaume du vivant de l'administrateur; que les prisonniers seraient

relâchés réciproquement sans aucune rançon, et que la ville de Stockholm jouirait de tous ses priviléges.

La princesse n'écouta ces propositions qu'avec beaucoup de répugnance ; on ne quitte guère sans peine la souveraine puissance, mais on ne la quitte jamais qu'avec désespoir quand on est contraint de la céder à son ennemi. La veuve de l'administrateur n'ayant ni troupes à opposer, ni secours dont elle pût se flatter, son conseil la détermina à la fin à traiter avec le roi de Danemarck : les consuls et les magistrats de Stockholm dressèrent les articles de la composition ; ils la firent aussi avantageuse pour cette princesse que l'état de ses affaires le pouvait permettre. Christiern ne disputa point sur les conditions, sûr que quand il serait maître de la ville, il serait en état de donner des explications au traité suivant ses intérêts (a) : il signa la capitulation, et il fut reçu dans Stockholm, ou il entra à la tête de quatre mille hommes qu'il y laissa en garnison.

Ce prince convoqua les états généraux de Suède au 4e novembre, et il fixa au même

(a) An 1520, septembre.

temps la cérémonie de son couronnement : il dispersa ensuite la plus grande partie de son armée dans les principales places du royaume, afin de contenir toutes les provinces sous son obéissance : il laissa en son absence le commandement des troupes à Severin de Norbi, et il confia le gouvernement de l'état à l'archevêque d'Upsal ; il renvoya en Danemarck le général Othon qui lui était suspect par l'éclat de ses victoires, et par l'affection de tous les soldats, et il repassa lui-même en diligence dans ce royaume, à la tête de ce qu'il avait d'étrangers dans son armée, Français et Allemands, sur les avis pressans qu'il reçut, que sa présence était nécessaire à Copenhague, pour empêcher le peuple de se révolter.

Ce prince avait besoin du succès et de la réputation de ses armes pour contenir les Danois sous son obéissance. Le peuple, devenu plus hardi par son absence et par l'éloignement de ses troupes, refusait avec opiniâtreté de payer les nouveaux impôts qu'il avait établis ; tout le monde se plaignait du gouvernement ; on blâmait publiquement son entreprise ; et on publiait même qu'il avait été battu encore une fois en Suède, sans autre fondement cependant que le désir qu'on en avait. Le sénat et les principaux seigneurs de ce royaume, bien loin de s'opposer à ces mouvemens, entretenaient eux-mêmes le mécontentement du peuple : ils souffraient impatiemment que Christiern prît une autorité immodérée, et qu'il prétendît régner sans leur faire part du gouvernement ; et ce qui augmentait sur-tout leur ressentiment, c'est que ce prince n'usurpait l'autorité absolue que pour la déposer entre les mains de Sigebritte.

C'était une femme hollandaise déjà âgée, et qui sans naissance et sans beauté était parvenue, par sa seule habileté, jusqu'à se faire aimer éperdument de ce prince. Sigebritte le gouvernait avec un empire absolu, et faisait elle seule le destin de la cour et de tout le royaume ; rien ne résistait à son crédit : elle donnait et ôtait les charges et les dignités, sans égard pour les lois du pays, et selon son caprice : elle entreprenait même souvent des choses injustes, simplement pour faire paraître son pouvoir ; mais quoi qu'elle entreprît, Christiern, malgré son âge et ses défauts, approuvait toujours sa conduite, et se faisait un mérite d'être le premier ministre de ses volontés.

Le prompt retour de ce prince, qui revenait conquérant de la Suède, surprit et dissipa les mécontens ; chacun cacha ses sentimens avec soin ; on ne laissa paraître que des dehors de joie sur son retour et sur ses conquêtes. Il fut reçu dans son royaume avec cet applaudissement des peuples qui accompagne toujours une fortune heureuse. Les ministres, toujours flatteurs, et qui se pressaient de parler suivant le goût et les inclinations du prince, disaient dans le conseil secret, qu'il était de sa politique de s'assurer des principaux seigneurs de Suède, et qu'il devait surtout abolir le sénat de ce royaume s'il voulait conserver ses conquêtes : que c'était un corps jaloux et ennemi de l'autorité royale ; qu'il n'y avait pas un sénateur qui ne fût prêt de se mettre à la tête de la première rébellion, dans l'espérance de parvenir à la dignité d'administrateur, qui depuis quelques années semblait être la récompense du chef des révoltés ; qu'il fallait se défaire des seigneurs qui étaient considérables dans les provinces par leurs biens, ou par leur crédit sur le peuple, et ne laisser dans ce royaume que ceux qui, par leur condition, étaient destinés à cultiver la terre, et à payer les tributs au prince.

Sigebritte de son côté représenta en particulier à Christiern que sa victoire serait imparfaite, et les suites douteuses et incertaines, tant que ses ennemis subsisteraient; que les sénateurs et les premiers seigneurs de ce royaume étaient ses ennemis nés; qu'il devait assurer sa victoire et achever de vaincre, en faisant périr des gens qui n'étaient que trop criminels par le pouvoir où ils étaient encore de se révolter, et que, pour se mettre entièrement en repos, il ne devait pas même épargner ceux des Suédois qui avaient marqué le plus de chaleur pour ses intérêts; que la jalousie seule du gouvernement entre le clergé et la noblesse avait mis les évêques dans son parti, mais que ces prélats seraient les premiers à prendre les armes, et à se révolter, s'il touchait à leurs priviléges, ou s'il entreprenait de régner sans leur ministère.

Les conseils inhumains de cette femme étaient fort du goût de Christiern, dont l'humeur violente et cruelle ne pouvait souffrir ni puissance, ni liberté dans ses sujets. Ce prince croyait tirer uniquement son autorité de sa place, et non des lois de l'état, et prétendait que sa volonté seule dût être la règle du gouvernement ; il résolut de faire périr et d'immoler à la sûreté de sa conquête, tout le sénat de Suède, et les plus grands seigneurs de ce royaume : il avait besoin d'un prétexte spécieux pour autoriser une action si cruelle et si extraordinaire : il ne pouvait pas sans des raisons et des sujets très-considérables faire mourir un si grand nombre de personnes de qualité qui venaient de se donner à lui sous la foi d'un traité solennel.

Sigebritte lui conseilla de confier cette exécution à des officiers de la garnison de Stockholm, qui, sous prétexte de quelque différent qu'ils feraient naître entre leurs soldats et les bourgeois de la ville, engageraient insensiblement la querelle plus avant, et feraient ensuite main-basse dans les principales maisons ; mais ce moyen lui parut difficile, et même dangereux ; les bourgeois de Stockholm étaient en grand nombre et aguerris ; ils pouvaient avoir de l'avantage sur la garnison, et tailler en pièces les soldats danois

dans la chaleur du tumulte, et ç'aurait été
peut-être le signal d'une révolte dans tout le
royaume.

Christiern aima mieux se servir du prétexte de l'excommunication, et faire revivre
l'affaire de l'archevêque, pour soutenir toujours la même conduite et ne laisser paraître
aux yeux du public que le zèle d'exécuter la
bulle du pape contre les ennemis de ce prélat. Il fut encore quelque temps en Danemarck
à donner les ordres nécessaires pour prévenir
les mouvemens qui pourraient arriver en son
absence : il congédia, avant que de partir, les
troupes françaises qu'il avait à son service,
apparemment par complaisance pour Charles
d'Autriche son beau-frère, qui venait d'être
élu empereur (a) : on traita ces troupes avec
la dernière dureté, et plutôt en prisonniers
de guerre, que comme des alliés et des troupes auxiliaires, à la valeur desquelles les Danois devaient la meilleure partie du succès
de leurs armes en Suède ; on leur refusa des
vivres, la paie qui leur était due, et jusqu'à
des vaisseaux pour repasser dans leur pays ;
ils furent contraints de se disperser, plusieurs

(a) A Francfort, le 20 juin 1519.

périrent de misère, ou furent massacrés par les Danois mêmes ; quelques-uns prirent parti dans leurs troupes , et ce ne fut qu'avec des peines infinies que leurs chefs en ramenèrent une partie en France.

Christiern se disposa ensuite à repasser en Suède, afin de se trouver aux états qu'il avait convoqués pour la cérémonie de son couronnement ; Sigebritte lui conseilla de se faire accompagner par deux sénateurs de Danemarck, afin d'autoriser par leur présence la cruelle exécution qu'il méditait, et même pour rejeter sur ces ministres, après l'événement, tout ce qu'une action si inhumaine pourrait avoir d'odieux.

Ce prince par son conseil choisit Théodore, archevêque de Lunden, primat de Danemarck, et l'évêque d'Odensée, un de ses suffragans; c'étaient ces mêmes prélats à qui il avait fait adresser la bulle d'excommunication que le pape Léon X avait fulminée contre l'administrateur, gens dévoués à la cour, et qui n'étaient considérés que parce que Christiern s'en servait comme des ministres de ses passions. L'archevêque de Lunden avait beaucoup de part dans sa confiance; c'était un homme de basse naissance, sans érudition, et même sans habileté, mais savant dans l'art d'inventer de nouveaux plaisirs, et qui en connaissait également tous les secrets et les assaisonnemens; il était redevable de sa faveur et de son élévation à Sigebritte; elle l'avait d'abord introduit à la cour pour lui servir d'espion, il passa ensuite tout d'un coup, par le crédit de cette femme, de la fonction de barbier du prince, à la dignité d'archevêque, et il se maintint dans la faveur, en présentant à Christiern des plaisirs qu'il savait accommoder à son goût.

Ce prince s'embarqua pour la Suède, accompagné de la reine son épouse, et suivi de toute sa cour. Sigebritte ne fut point du voyage, soit qu'elle craignît de s'exposer à la raillerie des seigneurs suédois, qui plaisantaient souvent sur la passion extravagante de Christiern, ou que ce prince eût trouvé plus à propos de la laisser en son absence à Copenhague, pour veiller sur la conduite du sénat.

Le roi de Danemarck, en arrivant en Suède, reçut un ambassadeur de l'empereur, qui lui apportait l'ordre de la toison d'or, et qui ve-

naît le féliciter de sa part sur ses conquêtes,
et sur l'heureux succès de tous ses desseins.
Charles-Quint entrait dans les intérêts du roi
de Danemarck avec une chaleur que la seule
alliance ne produit guère entre les potentats.
On prétend que ce prince, le plus ambitieux
de son siècle, n'avait accordé la princesse sa
sœur à Christiern, qu'à condition qu'il le re-
connaîtrait pour son successeur aux couronnes du nord, en cas qu'il mourût sans enfans :
cette succession était une pièce importante au
dessein de la monarchie universelle ; on sait
assez que ce fut l'idole et la vision de ce prince,
et cette chimère de la souveraineté de l'Europe
a passé même dans sa maison et à ses succes-
seurs, jusqu'à l'empereur Ferdinand II, que
Gustave Adolphe, roi de Suède, contraignit
par la rapidité de ses conquêtes, en 1631, de
changer le plan imaginaire de cette domination universelle, dans la pressante nécessité de
défendre les seuls pays héréditaires de la maison d'Autriche.

Christiern remit au jour de son couronnement à recevoir l'ordre de la toison d'or, afin
que la cérémonie en fût plus éclatante et
plus magnifique : il prit ensuite des mesures

secrètes avec l'archevêque d'Upsal, pour faire périr leurs ennemis communs ; il convint avec ce prélat, qu'il lui présenterait une requête dans les états après la cérémonie de son couronnement, pour lui demander justice contre ceux qui l'avaient dépouillé de sa dignité et de ses biens (a). Il tint ensuite l'assemblée, il y fut reconnu solennellement pour souverain légitime de la Suède. Le lendemain l'archevêque fit la cérémonie de son couronnement. Ce prince jura sur les évangiles et sur les reliques des Saints qu'il conserverait inviolablement les lois, les priviléges, et les coutumes du royaume. Le sénat, le clergé, la noblesse, et les députés des provinces, lui prêtèrent le serment ordinaire de fidélité ; l'ambassadeur de l'empereur parut au milieu de l'assemblée, il présenta à Christiern l'ordre de la toison d'or, et lui souhaita, de la part de son maître, un règne plein de prospérité.

Le nouveau roi fit ensuite inviter tous ces seigneurs à une fête magnifique qu'il fit dans le château, pour marquer la joie de son avénement à la couronne. Le sénat en corps, et

(a) An 1520, 4 novembre.

ce qu'il y avait de seigneurs de la première
noblesse à Stockholm, ne manquèrent pas de
s'y rendre : ce ne fut pendant les deux premiers jours que festins, que jeux, que plaisirs. Christiern affectait des manières pleines
de bonté et de familiarité ; il semblait qu'on
eût enseveli dans la bonne chère la haine et
l'aversion que les deux partis avaient fait paraître si long-temps l'un contre l'autre ; tout
le monde s'abandonnait tranquillement à la
joie, lorsque le troisième jour, les Suédois
furent tirés de cet excès de sécurité d'une manière bien funeste.

L'archevêque d'Upsal, accompagné de ses
parens et de ses créatures, se présenta en
pleine assemblée devant le roi, comme il en
était convenu secrètement avec ce prince : il
lui demanda justice contre le défunt administrateur, et contre les sénateurs et les autres
seigneurs du royaume qui l'avaient forcé de
renoncer à sa dignité, et qui avaient fait raser la forteresse de Stèque, qui était du patri-
moine de l'église. Christiern se défendit en
apparence de connaître d'une affaire qui regardait, à ce qu'il disait, les commissaires du
pape : il renvoya l'archevêque aux deux pré-

lats danois, à qui la bulle de Léon X avait été adressée, et il protesta qu'il ne se réservait que le soin d'exécuter leur ordonnance conformément à la bulle et aux intentions du Saint-Père.

Les deux prélats danois, ministres secrets de la passion de ce prince, requirent et demandèrent d'abord qu'on fît venir la veuve de l'administrateur, pour rendre compte de la conduite du prince Sténon. Ce n'était guère l'usage qu'une femme fût obligée de répondre pour son mari en matière d'affaires d'état, sur quoi les femmes ordinairement sont peu consultées ; cependant Christiern l'obligea de se rendre dans l'assemblée. La princesse y parut avec une contenance modeste et assurée tout ensemble ; elle voulut d'abord se défendre de répondre devant les commissaires du pape : elle pria le roi de Danemarck de se souvenir des traités d'Upsal et de Stockholm, par lesquels il s'était engagé d'ensevelir tout le passé dans un entier oubli ; elle conjura ce prince de laisser en repos les cendres de son mari, et d'avoir pitié d'une princesse qui n'avait en partage que ses larmes et sa douleur ; mais Christiern inflexible, et sans colère apparente , la renvoya aux commissaires du pape , sous prétexte que l'affaire de l'archevêque n'avait rien de commun avec les différens qu'il avait eus de son côté avec le défunt administrateur.

La princesse, forcée par la dureté du roi de Danemarck de défendre la conduite du prince son mari, répondit à la fin avec beaucoup de courage, que l'administrateur n'avait assiégé l'archevêque , ni fait raser sa forteresse, que par une ordonnance des états et du sénat; que ce prélat, convaincu ensuite de trahison contre sa patrie , avait été jugé dans les formes, et selon les lois du pays, et que son arrêt était encore dans les registres publics, signé des sénateurs séculiers et ecclésiastiques.

Le roi n'ignorait rien de ce qui s'était passé dans cette affaire : il ne laissa pas de faire apporter ces registres ; on lut publiquement par son ordre la sentence de l'archevêque avec les noms de tous ceux qui y avaient souscrit. Ce prince sortit ensuite de l'assemblée, comme s'il eût voulu laisser la liberté aux commissaires de délibérer; mais en même temps on vit entrer une troupe de soldats de ses gardes, qui arrêtèrent la veuve de l'administrateur, les sénateurs, les évêques même, et tout ce qui se trouva de seigneurs et de gentilshommes suédois dans le château.

Les évêques danois, commissaires du pape, commencèrent à instruire leur procès comme à des hérétiques, et comme s'ils eussent été en pays d'inquisition ; mais la procédure étant trop longue pour des gens qui étaient déjà condamnés, Christiern, dans la crainte qu'il ne se fît quelque révolte en leur faveur, leur envoya des bourreaux sans autre formalité, pour leur annoncer qu'il fallait mourir.

Le huitième de novembre fut destiné pour leur supplice ; on entendit dès le matin des trompettes et des hérauts de la part du prince, qui défendaient à qui que ce fût de sortir de la ville, sous peine de la vie ; toute la garnison était sous les armes : il y avait des corps de garde aux portes et dans toutes les places. Le canon prêt à tirer était dans la grande place, la bouche tournée contre les principales rues ; tout le monde était dans une profonde consternation, on ne savait à quoi aboutiraient ces mouvemens extraordinaires, lorsque sur le midi on vit ouvrir les portes

14*

du château, et au travers de deux rangs de soldats parurent ces illustres prisonniers, la plupart encore avec les marques de leur dignité, conduits à la mort par des bourreaux.

Sitôt qu'ils furent arrivés au lieu de leur supplice, un officier danois lut tout haut la bulle du pape, comme l'arrêt de leur condamnation, et il ajouta que, dans le châtiment des coupables, le roi ne faisait rien que par l'ordonnance des commissaires apostoliques, et que suivant le conseil de l'archevêque d'Upsal. Les évêques condamnés et les autres seigneurs prisonniers demandèrent avec instance des confesseurs; mais Christiern leur refusa cette consolation avec beaucoup d'inhumanité, soit que ce prince trouvât un raffinement de vengeance à étendre son ressentiment jusque sur les choses de l'autre vie, ou qu'il ne voulût pas qu'on traitât en catholiques des gens qu'on venait de condamner comme hérétiques : il sacrifia par la même politique ses amis et ses partisans, pour n'être pas soupçonné d'avoir fait périr ses ennemis; toute l'ardeur et tout le zèle que les évêques de Strengnàz et de Skàra avaient fait paraître pour ses intérêts ne purent les exempter de la mort ; la qualité de sénateurs leur coûta la vie, et la signature qu'ils avaient mise à la condamnation de l'archevêque, conjointement avec les autres sénateurs, fut le prétexte de leur supplice.

(a) Comme le bourreau allait couper la tête à l'évêque de Linkiöping, ce prélat pria l'officier danois qui présidait de la part du roi à l'exécution, de faire regarder sous le cachet et le sceau de ses armes qu'il avait apposé à l'arrêt de l'archevêque, et qu'on y trouverait les preuves de son innocence. Sa prière ayant été rapportée à Christiern, ce prince leva lui-même la cire du cachet; il trouva dessous un petit billet que ce prélat politique y avait glissé, comme s'il eût prévu ce qui devait arriver : il protestait dans ce billet qu'il ne signait la condamnation de l'archevêque que pour se mettre à couvert de la violence dont on le menaçait, et pour éviter une pareille condamnation : cette précaution lui sauva la vie, Christiern le fit mettre en liberté, afin de faire paraître qu'il n'en voulait qu'aux enne-

(a) Jean Brach. Locc. liv. V, p. 203. Olaüs Magnus, testis oculatus. Ziglerus, testis oculatus cædis holmiensis.

mis de l'archevêque, et qu'aux partisans de l'administrateur, qu'il prétendait être enveloppés dans l'excommunication qui avait été fulminée contre ce prince.

On exécuta ensuite tous les sénateurs séculiers (*a*); on commença par Eric Vasa, père de Gustave, les consuls (*b*) et les magistrats de Stockholm, et quatre-vingt-quatorze seigneurs qui avaient été arrêtés dans le château, eurent la même destinée. Le roi n'apprit qu'avec un violent chagrin qu'on n'avait pu faire périr quelques seigneurs qu'il avait proscrits particulièrement, et qu'on croyait qui s'étaient cachés dans la ville; la crainte qu'ils n'échappassent, et l'espérance de découvrir la retraite de Gustave, qu'il soupçonnait d'être caché dans Stockholm, lui fit confondre les innocens avec les coupables : il abandonna la ville à la fureur de ses troupes; les soldats se jetèrent d'abord sur le peuple

(*a*) Eric Abrahami, Eric Johanson, Eric Canut, Eric Rining, Eric et Eschille Nicolaï, Joachim Brach, Magnus Green, Eric Kusius, Olaüs Beron, Gunnar Gallus, Benoît Erici.

(*b*) Jean Gundmund, André Olaï, et André Erici, consuls de Stockholm.

qui était accouru à ce triste spectacle : ils frappaient et ils tuaient indifféremment tous ceux qui étaient assez malheureux pour se rencontrer à leur chemin : ils passèrent ensuite dans les meilleures maisons de la ville, sous prétexte de chercher Gustave et les autres proscrits : ils poignardaient les bourgeois jusque dans les bras de leurs femmes ; les maisons furent mises au pillage, et la pudicité des femmes et des filles exposée à la brutalité des soldats : rien ne fut épargné que la laideur et la pauvreté, tout le reste devint la proie du soldat furieux, qui, sous les ordres et à l'exemple de son souverain, se faisait un mérite de sa fureur et de son emportement.

Un gentilhomme suédois n'ayant pu retenir sa douleur ni s'empêcher de déplorer publiquement le malheur de sa patrie, Christiern, irrité de ces marques de compassion, qu'il prenait pour des reproches secrets de sa cruauté, fit attacher ce malheureux gentilhomme à un poteau ; on lui coupa les parties que la pudeur ne permet pas de nommer, on lui fendit le ventre et on lui arracha le cœur : comme si c'eût été le plus grand de tous les crimes de pleurer des malheureux ! on déterra ensuite, par ordre de ce prince, le corps de l'administrateur, comme indigne, à ce qu'il disait, par l'excommunication qu'il avait encourue, de la sépulture chrétienne; on jeta son corps dans la place publique et parmi ceux de tous ces seigneurs qu'on avait massacrés. Christiern ne put s'empêcher de descendre dans la grande place, pour jouir du spectacle de leur mort : il défendit sous peine de la vie qu'on les enterrât ; mais la corruption le força bientôt malgré lui de les faire enlever : il les fit porter hors la ville, et on les brûla par son ordre ; espèce de second supplice dont il croyait les punir encore après leur mort en qualité d'excommuniés.

Il ordonna ensuite qu'on noyât la veuve de l'administrateur; mais l'amiral Norbi lui sauva la vie. Cet homme était en apparence esclave de toutes les volontés de son maître ; mais sous cette feinte complaisance il méditait secrètement de hauts desseins : il était persuadé qu'un gouvernement aussi violent que celui de Christiern ne pouvait pas durer; il se voyait maître d'une puissante flotte, gouverneur de l'île de Gotlande, qui regarde les côtes de Suède, et de la ville de Calmar, qui était le port le plus considérable de ce royau-me après Stockholm : sa faveur et sa puis-sance firent naître dans son esprit des pensées d'indépendance , et d'une ambition déme-surée : il aspirait secrètement au mariage de la princesse veuve , afin de se frayer par ce moyen un chemin au trône de Suède , ou du moins à la dignité d'administrateur. Il dit au roi son maître , pour sauver la vie de cette princesse , qu'elle la rachèterait volontiers de tous les trésors de l'administrateur. Chris-tiern , en qui l'avarice servait de contrepoids à la cruauté , consentit à ce prix de lui laisser la vie , et il crut lui faire grace de ne la con-damner qu'à une prison perpétuelle : il fit conduire cette princesse en Danemarck avec la mère et la sœur de Gustave , et les autres dames suédoises dont les maris avaient péri dans le massacre de Stockholm : on les jeta en différentes prisons ; elles y furent traitées avec beaucoup de dureté , et on les garda comme des otages de la fidélité des enfans et des parens qu'elles laissaient en Suède.

Christiern se flatta d'avoir affermi son au-torité par ce massacre de toute la haute no-blesse : il se voyait trop puissant et trop redoutable au reste des Suédois pour en avoir rien à craindre : il changea à son gré la forme du gouvernement, et il en disposa comme dans un pays de conquête ; il accabla le peuple de nouveaux impôts ; il menaça même les paysans de leur faire couper un pied et une main, pour les empêcher de se révolter, ajoutant avec une espèce de raillerie qu'un paysan, qui était né pour la charrue et non pas pour la guerre, devait se contenter d'une main et d'un pied naturel avec une jambe de bois.

Il nomma Théodore, archevêque de Lunden, pour vice-roi en son absence ; il lui donna pour ministres et pour conseil, l'archevêque d'Upsal et l'évêque d'Odensée, et il nomma de son autorité privée ces deux prélats danois aux riches évêchés de Strengnaz et de Skåra, sans avoir égard aux droits de ces deux églises, qui étaient en possession d'élire leurs évêques (a). Ce prince eut même assez de crédit à Rome pour faire approuver par le pape l'intrusion de ces deux prélats danois, qui étaient encore teints, pour ainsi dire, du sang de leurs confrères. Christiern, en par-

(a) Vita archiepiscoporum upsalensium Joannis Magni ; Romæ, cum privilegio summi pontificis.

tant, leur ordonna de n'épargner ni soins ni dépenses pour découvrir la retraite de Gustave : il mit la tête de ce seigneur à prix, et il promit des sommes considérables à ceux qui pourraient l'arrêter vif ou mort ; il reprit ensuite le chemin de Danemarck, chargé de l'exécration des Suédois, qui le nommèrent le Néron du nord.

Ses troupes, en son absence, continuèrent dans les provinces les cruautés qu'il venait d'exercer dans la capitale. Plusieurs seigneurs furent par son ordre surpris et massacrés dans leurs châteaux, sans autre crime que celui d'être distingués par leur naissance et par leur courage ; on ne daignait plus même employer le prétexte ordinaire de l'excommunication ; on était trop criminel quand on était accusé d'être riche, ou d'avoir du crédit dans sa province. Le vice-roi, abîmé dans la volupté, ne cherchait qu'à amasser de l'argent de la confiscation de ceux qu'il proscrivait tous les jours : les principaux officiers de son armée ravageaient les provinces ; ils avaient chacun leurs troupes indépendantes et séparées : il n'y avait ni ordre ni discipline ; et parmi tant d'intérêts différens et si peu de subordination, on ne songeait qu'à piller et qu'à ruiner les peuples.

La noblesse, effrayée de tant de massacres, peu unie entre elle, sans chef, sans argent, et sans troupes, se vit réduite, pour échapper à la cruauté des Danois, de rechercher la protection de l'archevêque ; chacun s'empressait de faire sa cour à ce prélat ; tout le monde voulait être du parti victorieux ; on voulait même paraître en avoir toujours été : il semblait que tous les gentilshommes suédois eussent péri dans le massacre de Stockholm : personne n'avouait qu'il eût servi dans l'armée de l'administrateur ; la plupart de la noblesse prit de l'emploi dans les troupes du vice-roi, comme une sauve-garde ; et le malheur de la Suède était si grand qu'on regardait même avec quelque sorte d'envie ceux à qui il était permis de s'armer contre leur patrie.

L'amiral Norbi, feignant d'avoir compassion du malheur de la Suède, reçut plusieurs gentilshommes sur ses vaisseaux et dans ses gouvernemens ; il affectait de les traiter avec toute sorte d'honnêteté par rapport à ses desseins secrets : ceux qui n'avaient pas sa protection, incertains de leur destinée, et toujours, pour ainsi dire, entre la vie et la mort, étaient exposés à l'insolence et à l'avarice des Danois : il était bien dangereux d'avoir du bien, et de n'avoir pas été dans le parti de l'archevêque ; et il fallait s'enfuir, ou se résoudre à mourir si on avait été son ennemi. Ce prélat ne pardonna à personne ; il fit périr tous ses ennemis, sous prétexte de les immoler à la sûreté de l'état ; il cherchait sur-tout avec empressement à se rendre maître de la personne de Gustave : il le haïssait comme le parent et le favori du défunt administrateur, et d'ailleurs il savait que pour bien faire sa cour auprès de Christiern, il fallait arrêter ce seigneur, ou le faire périr.

Gustave, du fond de sa retraite, portait ses vues de tous côtés, pour voir s'il ne découvrirait rien qui pût favoriser ses desseins : il avait envoyé secrètement à Stockholm ce vieux domestique chez qui il s'était retiré, pour apprendre ce qui se passerait dans les états. Ce fut à son retour qu'il apprit la mort de son père et de tous les sénateurs, et le massacre général qui s'était fait dans cette capitale. Il fut accablé par une nouvelle si funeste ; la mort de tant de seigneurs lui enlevait toute sa famille, ses amis, et presque jusqu'aux moyens et à l'espérance de se sauver.

Il ne savait quel parti prendre, ni même où se retirer : il était environné de troupes danoises ; il savait qu'outre les grandes promesses qu'on avait faites à celui qui le découvrirait, on avait menacé de mort tous ceux qui auraient contribué à le cacher, si eux-mêmes ne le livraient ; d'un autre côté il n'osait sortir de sa retraite, de peur d'être reconnu en changeant de lieu, ni même se confier à aucun Suédois, dans la crainte de quelque trahison, dont il savait bien qu'on est toujours menacé quand le souverain y attache des récompenses. Il résolut, dans cette extrémité, de se retirer dans les montagnes de la Dalécarlie : il espérait se pouvoir cacher aisément dans les bois dont ce pays est couvert, et il se flattait même qu'il ne lui serait peut-être pas difficile d'en faire soulever les habitans, qui avaient été les derniers du royaume à se soumettre à la domination des Danois. Il n'y avait aucune ville dans toute la province, ce n'étaient la plupart que de méchans villages, situés pour la commodité des habitans proche les forêts, ou au bord des lacs et des rivières : quelques-uns de ces villages dépendaient des gentilshommes du pays ; mais il y en avait plusieurs du domaine qui ne relevaient que de la couronne, et qui étaient gouvernés par les paysans mêmes : les plus anciens dans chaque village leur tenaient lieu de juges et de capitaines ; ils n'en étaient cependant ni plus riches ni plus autorisés : l'honneur du commandement ne consistait que dans le privilége de combattre les premiers et à la tête de leurs troupes ; le pouvoir était dans la multitude, qui s'assemblait les jours de fête, et qui décidait de toutes les affaires, selon qu'elle était prévenue et agitée par les plus violens et les plus mutins.

On n'osait envoyer dans cette province ni troupes ni garnisons : les rois mêmes n'y entraient jamais qu'ils n'eussent donné aux habitans des otages pour la sûreté de leurs priviléges. On ménageait avec de grands égards des peuples féroces qui habitaient des montagnes inaccessibles, dans la crainte qu'ils ne s'aperçussent qu'ils pouvaient ne pas obéir ; on se contentait pour tout tribut de tirer de ces paysans quelques fourrures, et du reste on les laissait vivre selon leurs coutumes, qui étaient fort différentes de celles des autres provinces.

Gustave, sous un habit de paysan, prit le chemin de ces montagnes, suivi d'un paysan à qui il était inconnu, et qui lui servait de guide : il traversa toute la Sudermanie ; il passa ensuite entre la Néricie et la Westmanie : enfin, après les fatigues d'un voyage pénible, et après les alarmes continuelles et la crainte d'être reconnu et arrêté, il arriva dans les montagnes de la Dalécarlie, que les gens du pays appellent *Daarefield*.

Mais à peine était-il entré dans le pays qu'il se vit abandonné de son guide, qui lui vola tout l'argent dont il s'était pourvu pour sa subsistance ; il se trouva égaré dans ces montagnes affreuses, et au milieu de ces sauvages, sans compagnie, sans crédit, sans argent, et sans oser même se nommer ni se faire connaître : il fut réduit, pour vivre et pour se cacher, à se louer comme un ouvrier qui cherchait du travail et de l'emploi : on l'occupa à travailler aux mines de cuivre, dont les gens de ce canton tiraient leur principal revenu (a) ; il était tous les jours au travail

(a) Loccenius, lib. VI, p. 2, 3 ; edit. Upsal.

avec les autres manœuvres pour gagner sa vie, et enseveli pour ainsi dire dans ces abîmes souterrains.

Gustave se flattait que la misère de sa condition lui servirait au moins pour se cacher, et qu'on ne s'aviserait pas d'aller chercher le général de la cavalerie suédoise dans un si triste séjour : il ne laissa pas cependant, sous un tel déguisement, d'être découvert et reconnu. Une femme, chez qui il se retirait, aperçut par hasard sous ses habits de paysan que le collet de sa chemise était brodé. Cette nouvelle passa bientôt des mines dans tout le village, et parvint même jusqu'au seigneur du lieu (a) : soit curiosité de voir un étranger dont on lui vantait la bonne mine, ou plutôt que cette apparence de déguisement fît soupçonner à ce gentilhomme que ce pouvait être quelque proscrit, il se rendit aux mines dans le dessein de lui offrir sa maison, et de contribuer à le sauver. Il n'eut pas de peine à reconnaître Gustave, avec lequel il avait passé sa jeunesse dans l'université d'Upsal : il fut surpris et touché de voir ce jeune seigneur dans un état si misérable ; il feignit cependant

(a) André Pierre de Rankhitta.

de ne le pas connaître , de peur d'achever de le découvrir : mais il ne fut pas plutôt de retour dans sa maison qu'il lui fit dire secrètement de s'y rendre.

Gustave étant arrivé , il le tira à l'écart ; il lui dit obligeamment que les gens de sa naissance et de son mérite ne pouvaient jamais se cacher ; il le pria de la meilleure grace du monde de prendre sa maison pour retraite ; il l'assura qu'il y serait aussi caché et plus commodément qu'aux mines ; et dans la première chaleur de sa compassion , il lui promit de faire prendre les armes à ses amis et à ses vassaux , si quelques Danois entreprenaient de lui faire violence dans sa maison. Gustave accepta ses offres avec beaucoup de joie ; il passa d'abord quelques jours chez lui , comme s'il n'eût point eu d'autre dessein que de se dérober à la poursuite de ses ennemis , mais il s'appliquait en même temps à s'instruire des forces de la province , et à reconnaître la disposition des habitans au sujet du nouveau gouvernement.

Son hôte lui apprit que les Dalécarliens souffraient impatiemment la domination des Danois ; qu'on murmurait hautement dans la province de quelques impôts que Christiern avait établis, légers à la vérité et peu considérables, mais qui paraissaient excessifs et intolérables parce qu'ils étaient nouveaux; que le peuple détestait la cruauté et l'inhumanité du roi de Danemarck; il ajouta qu'il ne doutait pas que les paysans ne se soulevassent d'eux-mêmes si les Danois continuaient à entreprendre sur leurs priviléges; il lui vanta ensuite les forces de la Dalécarlie avec cet air de satisfaction que l'on a ordinairement de faire valoir les avantages de son pays; il lui dit que la province seule pouvait mettre plus de vingt mille hommes sous les armes; que tous les paysans naissaient soldats, et qu'ils étaient capables d'arrêter et de défaire dans leurs montagnes toutes les forces de Christiern.

Ce discours, répété en plusieurs rencontres, détermina Gustave à tenter de faire soulever cette province. Il s'en ouvrit à son hôte, et le conjura d'entrer dans ses desseins et dans son parti; il lui représenta que le royaume était plongé dans les derniers malheurs; que ni la foi des traités, ni l'obéissance, ni la soumission des peuples, n'avaient pu arrêter l'humeur sanguinaire de Christiern ; qu'il semblait sur-tout que ce prince barbare eût juré la mort de toute la noblesse suédoise ; que le massacre de Stockholm n'avait été que le prélude des cruautés que ses troupes exerçaient dans les provinces ; qu'on apprenait tous les jours la mort de quelques gentils-hommes qu'on avait massacrés inhumainement ; qu'il était plus généreux et même plus sûr de prévenir et de surprendre les Danois, que d'attendre lâchement qu'ils passassent dans la province, et qu'ils vinssent les égorger jusque dans leurs maisons.

Mais ce gentilhomme, épouvanté du péril de cette entreprise, se défendit d'y prendre part, sous prétexte de la puissance formidable des Danois. « Où sont, dit-il à Gustave, » les forces nécessaires pour soutenir un aussi » grand dessein ? Et quelle armée avez-vous à » opposer aux troupes ennemies, qui sem-» blent jusqu'ici avoir respecté nos priviléges, » mais qui se répandront avec violence dans » toute la province au premier mouvement » que vous ferez paraître ? »

Il semblait que la peur eût fait oublier à ce gentilhomme ce qu'il venait de lui dire des forces de sa province et de la disposition des habitans : il trouva même de nouvelles raisons pour détruire les premières, et pour obliger Gustave à prendre un autre parti ; il s'étendit avec chaleur sur ces vues politiques, moins à la vérité par affection pour sa personne, que pour justifier que ce n'était ni faute de courage, ni manque de zèle pour sa patrie, s'il n'entrait pas dans ses desseins.

Mais voyant que Gustave persévérait constamment dans la résolution de prendre les armes, et de se déclarer ouvertement contre les Danois, il lui conseilla de différer au moins pour quelque temps son entreprise ; il lui dit qu'on touchait peut-être au moment que toute la province se révolterait d'elle-même ; que les paysans, peu sensibles aux intérêts des gentilshommes, qu'ils regardaient toujours comme des maîtres sévères, n'avaient donné jusqu'ici que des marques d'une compassion inutile à la mort des sénateurs et des seigneurs qui avaient péri dans le massacre de Stockholm ; mais qu'il ne doutait pas qu'ils ne se soulevassent généralement dans tous les villages, si les Danois entreprenaient sur leurs priviléges ; et qu'il était persuadé que les troupes de Christiern, après avoir impunément ruiné toutes les provinces, ne s'abstiendraient jamais de passer dans la Dalécarlie pour y exercer leur brigandage. Que pour lors l'intérêt commun ferait prendre les armes à tous les paysans ; qu'il laissât aux plus téméraires la gloire et le péril d'être les premiers auteurs d'une révolte ; qu'il le conjurait d'attendre tranquillement dans sa maison que le mécontentement des peuples eût éclaté ; que de quelque côté que vînt la révolte on serait toujours disposé, par sa naissance et par son mérite, à lui déférer le commandement ; mais qu'il devait craindre de ruiner ses desseins par trop de précipitation, et qu'en voulant être le vengeur et le restaurateur de sa patrie, il ne fournît un nouveau prétexte aux Danois pour la détruire entièrement.

Gustave comprit bien qu'il y avait plus de timidité que de véritable prudence dans ce discours. La faiblesse de son hôte lui donna de la pitié plutôt que de la colère ; il ne le soupçonna ni de favoriser les Danois, ni d'être capable de le trahir ; il démêla au contraire qu'il avait du penchant pour son entreprise ;

mais il aperçut en même temps qu'il n'osait en convenir, de peur de s'engager à en partager le péril ; il se contenta de lui recommander le secret ; et jugeant qu'un plus long séjour dans sa maison lui causerait de l'inquiétude, il résolut d'en sortir : il partit la nuit, afin de mieux cacher sa marche. Après plusieurs journées de chemin, qu'il fit seul et au travers des bois, il se rendit chez un autre gentilhomme appelé Peterson, qu'il avait connu dans les troupes, et en qui il espérait trouver plus de courage et de résolution.

Ce gentilhomme le reçut parfaitement bien, et même encore avec ces marques de respect et de déférence qui sont toujours si doux aux grands dans leurs disgraces ; il parut plus touché que Gustave même de ses malheurs ; il détesta la tyrannie des Danois, et à la première ouverture que lui fit ce seigneur quelques jours après de former un parti et de faire prendre les armes à ses vassaux, il entra en apparence avec beaucoup d'ardeur dans ce dessein.

Gustave fut touché d'une joie sensible de trouver encore un Suédois assez généreux pour oser s'attacher à sa fortune : il n'oublia ni caresses ni vues de récompenses pour l'affermir dans ce dessein. Peterson y répondit par les assurances qu'il lui donna d'une fidélité inviolable ; il lui nomma les seigneurs de villages, et les principaux des paysans qu'il prétendait engager dans son parti ; et quelques jours après il partit secrètement de chez lui sous prétexte d'aller travailler à les mettre dans ses intérêts.

Mais sous ces dehors spécieux de zèle et d'affection pour ce seigneur, le perfide Dalécarlien cachait le dessein de le trahir : la vue de faire sa cour au nouveau roi, et l'espérance d'en être récompensé, le déterminèrent à le livrer aux Danois. Il alla droit chez un officier de Christiern, auquel il découvrit la retraite de Gustave : cet homme ayant appris qu'il était dans la maison même de Peterson, accourut en diligence pour l'arrêter ; il fit investir d'abord la maison par des soldats dont il s'était fait accompagner, et il s'empara de la principale porte que le Dalécarlien lui livra : il se flattait d'être bientôt maître de la personne de Gustave ; mais toutes ces précautions se trouvèrent inutiles : ce seigneur s'était heureusement sauvé la nuit précédente ;

et il fut redevable de son salut à la femme
même de Peterson : cette dame, pleine de générosité, touchée de compassion, et peut-être
même engagée par des sentimens encore plus
pressans, lui découvrit les mauvais desseins
de son mari ; elle le fit sortir la nuit de sa maison , et l'ayant remis entre les mains d'un
domestique fidèle (a), elle le fit conduire chez
un curé de ses amis. Par cette fuite, et le secret que garda le domestique, les Danois per-
dirent les traces de Gustave.

Le curé reçut ce seigneur avec tout le respect et la considération qu'il devait à sa naissance, et à la recommandation de la personne
qui l'avait envoyé chez lui. C'était un homme
plein de zèle pour sa patrie, et qui n'aspirant
point aux premières dignités du clergé, n'en
suivait ni le parti ni les maximes. Il assura
Gustave d'un secret inviolable : et de peur que
le domestique qui l'avait conduit dans sa maison ne devînt indiscret, ou infidèle, il fit
passer Gustave dans son église, et il le cacha
dans un endroit dont il avait seul la clef et
la disposition.

Il allait voir ce jeune seigneur tous les

(a) Suverdsio.

jours ; et dans les entretiens qu'il eut avec lui il prit insensiblement pour sa personne une secrète inclination que Gustave inspirait naturellement à tous ceux qui l'approchaient. Il entra avec ardeur dans ses desseins, et il l'assura qu'il n'oublierait rien pour lui faire des créatures dans son village, et dans tous les lieux où il avait des habitudes : mais il ne lui conseilla pas d'avoir recours, ni même de se confier davantage à la noblesse de la province.

Il lui représenta que ce qu'il y avait de gentilshommes dans la Dalécarlie, contens de la sûreté et de l'indépendance où ils vivaient dans leurs montagnes, s'intéressaient peu aux mouvemens de la cour, et au bien même de la nation ; qu'ils avaient toujours beaucoup de peine à mettre les armes à la main de leurs vassaux ; que les paysans faisaient leur principale richesse, et qu'ils les perdaient souvent à la guerre, ou, s'ils revenaient chez eux, qu'ils les trouvaient ensuite moins dociles et plus prompts à se révolter contre eux-mêmes ; qu'il devait s'adresser directement aux paysans, et qu'il en tirerait plus de secours, s'ils prenaient les armes et s'ils se déclaraient en sa faveur, de leur mouvement, que si les villages y étaient seulement engagés par l'autorité de quelques seigneurs particuliers.

Ils convinrent ensuite qu'il fallait pour réussir dans ce dessein disposer insensiblement le peuple à la révolte, par le moyen des bruits qu'on ferait répandre que les Danois étaient près d'entrer en armes dans la province pour y établir de nouveaux impôts. Le curé se chargea de ce soin, et il assura Gustave qu'il rendrait bientôt cette nouvelle publique par le commerce et les relations qu'il avait avec la plupart des curés de ce canton. Il conseilla ensuite à ce seigneur de se rendre à Mora, qui était un diocèse fort peuplé, pour s'exprimer à la manière de ces peuples, et qui avait douze lieues suédoises de tour; il s'y faisait tous les ans aux fêtes de Noël une assemblée extraordinaire des paysans des villages circonvoisins : il lui dit que c'était une conjoncture favorable pour ses desseins dont il devait profiter; que le peuple n'était jamais plus hardi, ni plus aisé à faire révolter que dans ces assemblées publiques qui le font apercevoir de sa force; il lui promit et il s'engagea de prévenir et de mettre dans ses intérêts les principaux de ce diocèse ; en sorte qu'il y serait toujours en sûreté, quand même toute l'assemblée ne se déterminerait pas aussitôt à prendre les armes.

Gustave, suivant son conseil, se rendit à Mora le jour qu'il lui avait marqué ; il trouva les paysans de ce village prévenus de son arrivée, et dans l'impatience de voir un homme illustre par sa naissance et par sa valeur, et plus célèbre encore par les persécutions de Christiern que par la faveur de Sténon. Il reprit des habits conformes à sa condition avant que de se montrer en public, afin de se concilier l'attention du peuple, qui est toujours sensible à ces marques extérieures de grandeur. Il parut ensuite dans l'assemblée avec un air plein d'une noble fierté, qui étant tempérée par la douleur qu'il faisait paraître de la mort de son père, et de tous les sénateurs, attirait tout ensemble le respect et la compassion de ces paysans.

Il leur représenta d'une manière vive et touchante les derniers malheurs de leur patrie ; que tous les sénateurs et que les principaux seigneurs du royaume venaient d'être massacrés par les ordres barbares de Christiern ; que ce prince cruel avait fait égorger les magistrats, et la plupart des bourgeois de Stockholm ; que ses troupes répandues ensuite dans les provinces y commettaient tous les jours mille violences ; qu'il avait résolu, pour assurer sa domination, d'exterminer indifféremment tous ceux qui étaient capables de défendre la liberté de la patrie ; qu'on n'ignorait pas combien ce prince haïssait les Dalécarliens, dont il avait éprouvé la valeur et le courage pendant le règne du dernier administrateur ; qu'ils lui étaient trop redoutables pour n'avoir pas tout à craindre d'un prince si perfide et si cruel ; qu'on avait appris que, sous prétexte de quartier d'hiver, il devait faire passer des troupes dans leur province pour les désarmer ; et qu'ils verraient au premier jour leurs ennemis, maîtres de leurs villages, disposer insolemment de leurs vies et de leur liberté, s'ils ne les prévenaient par une généreuse résolution ; que leurs pères et leurs ancêtres avaient toujours préféré la liberté à la vie ; que toute la Suède jetait les yeux sur eux pour voir s'ils marcheraient sur leurs traces, et s'ils en avaient hérité la haine qu'ils avaient toujours fait paraître contre la domination étrangère ; qu'il était venu leur offrir sa vie et son bien pour la défense de leur liberté ; que ses amis et tous les véritables Suédois se joindraient à eux au premier mouvement qu'ils feraient paraître ; qu'il était assuré d'ailleurs d'un secours considérable des anciens alliés de la Suède : mais que, quand même ils n'auraient pas des troupes égales en nombre à celles des Danois, ils étaient encore trop forts, ayant la mort de leurs compatriotes à venger, et leur propre vie à défendre ; et que pour lui, il aimait mieux la perdre l'épée à la main, que de l'abandonner lâchement à la discrétion d'un ennemi perfide et cruel.

Les Dalécarliens répondirent à ce discours par mille cris pleins de fureur et de menaces contre Christiern et contre tous les Danois ; il semblait que ce fussent les premières nouvelles qu'ils apprissent du massacre de Stockholm, tant le discours et la présence de Gustave avaient excité de douleur et de ressentiment dans leurs esprits. Ils jurèrent hautement de venger la mort de leurs compatriotes. On résolut sur-le-champ de ne plus reconnaître Christiern, et de faire main-basse indifféremment sur tous les Danois qu'on rencontrerait. Ce n'est pas que quelques-uns de ces paysans ne voulussent d'abord s'opposer à cette révolte, sous prétexte qu'il en fallait communiquer avec les autres villages, soit qu'ils fussent gagnés par les Danois, ou que, par des vues de prudence, ils craignissent d'irriter un prince puissant et victorieux. Mais toute l'assemblée en fureur rejeta avec indignation un avis si timide. Les plus violens et ceux qui se déclarèrent pour la guerre furent écoutés avec un applaudissement général. On courut de tous côtés aux armes, et ces paysans prièrent Gustave de les commander, charmés de sa bonne mine, et pleins d'admiration pour la grandeur de sa taille, et pour la force apparente de son corps.

Mais rien ne les détermina davantage à suivre avec confiance ce jeune seigneur, que l'observation que les anciens du village firent que le vent du nord avait continuellement soufflé pendant qu'il les avait harangués (a): c'était parmi ces peuples grossiers un signe infaillible d'un heureux succès. Ainsi sans délibérer plus long-temps, et croyant qu'ils

(a) Loccenius, lib. VI.

ne pouvaient différer sans aller contre les ordres du ciel, qui venait de se déclarer si visiblement en faveur de Gustave, ils formèrent sur-le-champ un corps de quatre cents hommes, et dans ce nombre ils en choisirent seize des mieux faits, et des premières familles, qu'ils présentèrent à ce seigneur pour lui servir de gardes, et comme des marques de l'autorité qu'ils venaient de lui déférer.

(a) Gustave voulant profiter de l'ardeur qu'ils faisaient paraître, les mena droit contre le gouverneur de la province Il était de son intérêt de le prévenir et de le mettre hors d'état de s'opposer à la révolte des autres villages. Dans cette vue il partagea sa troupe en plusieurs bandes, afin de mieux cacher sa marche et son dessein; et à la faveur de la nuit et des bois, il arriva au pied de son château avec ses Dalécarliens, qui s'y étaient rendus secrètement par différentes routes. Les ténèbres et la surprise d'une attaque imprévue favorisèrent son entreprise : le château fut emporté par escalade. Quelques soldats danois qui composaient la garde du gouverneur, et la plupart de ses domestiques qui s'étaient mis

(a) An 1521, janvier.

en défense, furent sacrifiés à la première fureur des Dalécarliens. Gustave eut bien de la peine à arracher de leurs mains le gouverneur, qui paya par sa prison l'imprudence de s'être tenu dans un pays de conquête, et parmi une nation si féroce, sans une garnison convenable à sa sûreté et à sa dignité. Gustave abandonna ses biens au pillage : on traita peu différemment plusieurs marchands danois, qui depuis la nouvelle domination de Christiern étaient venus trafiquer dans cette province. Les étoffes les plus riches devinrent la proie du paysan dalécarlien, qui s'en habilla à sa mode. On tua ceux qui étaient employés à lever les nouveaux impôts que Christiern avait établis : Gustave dissimulait, et peut-être même qu'il n'était pas fâché de ces excès qui ne servaient qu'à rendre les Dalécarliens plus irréconciliables avec les Danois.

Quoique cette entreprise ne fût pas considérable, elle ne laissa pas que de disposer les paysans en faveur de Gustave ; et ils lui donnèrent des louanges d'autant plus volontiers, que chacun le prenait pour témoin de son courage, et de la valeur qu'il avait fait paraître dans cette occasion. Le bruit et le succès de cette expédition fit déclarer en peu de jours presque toute la province en sa faveur. Les paysans abandonnaient en foule leurs villages pour se rendre auprès de lui, les uns dans l'impatience de se venger des Danois, les autres attirés par l'espérance du butin, ou simplement émus par la nouveauté, et emportés par le penchant naturel qu'ils avaient pour toutes les entreprises hardies et extraordinaires.

Plusieurs gentilshommes suédois et entre autres Olaï, Laurens Erici, Fredage et Jonas de Nederbi, qui étaient proscrits par Christiern, et qui s'étaient réfugiés comme Gustave dans cette province, se jetèrent dans son armée comme dans un asile. Il en fit des officiers pour commander ces milices, qui combattaient ordinairement avec plus d'impétuosité que d'ordre. Il parcourut ensuite avec une diligence extrême l'Helsingland, la Medelpadie, l'Angermeland, le Guestricland, et la Bothnie. Il fit soulever toutes ces petites provinces, qui sont la plupart sans villes considérables ; et il s'en assura par le bon ordre qu'il mit à faire fortifier les passages des montagnes qui en sont les principales forteresses.

Il grossit son armée dans sa marche par le concours des paysans qui venaient en foule se rendre auprès de lui, souvent malgré leurs seigneurs particuliers. Il abolit les impôts que Christiern avait imposés, et il établit des commissaires pour recevoir les tributs ordinaires qu'il destina pour la subsistance de ses troupes. Il dépêcha ensuite secrètement des émissaires dans toute la Suède pour disposer la noblesse et les paysans à prendre les armes sitôt qu'il entrerait dans les provinces. Il gagna même par des négociations secrètes la plupart des officiers suédois qui servaient sur la flotte de Norbi, ou dans les troupes du vice-roi : enfin il n'oublia rien pour augmenter ses forces, et pour diminuer celles de son ennemi, et il ne se disposa à entrer dans le cœur du royaume, que lorsqu'il se crut presque aussi assuré de tous les Suédois qui étaient dans l'armée de ce prélat, que de ses Dalécarliens.

Ce vice-roi n'était presque occupé que du soin d'amasser de l'argent pour fournir à ses plaisirs. Il n'avait poursuivi la vice-royauté que dans l'espérance de pouvoir piller impunément des gens que la politique de son maître voulait affaiblir et ruiner, et il ne se serait jamais chargé du gouvernement, s'il eût prévu qu'il eût eu d'autres ennemis à combattre que des peuples désarmés, et qui ne se défendaient point. Il n'apprit la révolte des Dalécarliens qu'avec beaucoup de surprise et d'inquiétude. Ce qu'il y avait de troupes danoises dans le royaume était fort affaibli par le peu de discipline et par la désertion. Les Suédois qui avaient pris parti ou de l'emploi dans ses troupes, lui étaient suspects, et il n'était guère plus assuré des troupes auxiliaires et des étrangers, qui pour l'ordinaire dans les guerres civiles sont toujours prêts à changer quand ils trouvent un parti plus avantageux. La valeur de Gustave lui était redoutable; il craignait le courage et le ressentiment de ce jeune seigneur, mais il appréhendait encore davantage l'indignation de Christiern, toujours terrible dans sa colère, et qui punissait les malheureux succès comme les méchantes intentions.

Il dépêcha un courrier à ce prince pour lui apprendre le soulèvement des provinces du nord, et il rappela en même temps auprès de lui ce qu'il avait de troupes qui étaient dispersées en différens endroits du royaume. Les Danois déférèrent à ses ordres, quoiqu'à regret. Ils avaient peine à quitter des lieux où ils s'enrichissaient aux dépens du peuple, et où ils exerçaient impunément toutes sortes de violences. Mais la plupart des troupes auxiliaires refusèrent de se mettre en campagne, sous prétexte de la paie qui leur était due. Ils se rendirent maîtres des villes et des châteaux où ils étaient en garnison, et ils s'y renfermèrent moins pour défendre et pour conserver ces places au nom du roi de Danemarck, que dans la vue de s'en servir comme d'otages pour le paiement de leur solde, et peut-être dans le dessein d'en traiter ensuite plus utilement avec le parti victorieux.

Christiern n'apprit les mouvemens de Suède qu'avec beaucoup d'inquiétude et de chagrin ; il ne se voyait pas en état de passer en ce royaume, ni même de se défaire des troupes qu'il avait en Danemarck. Tout le royaume était plein de mécontens. Ce prince, devenu encore plus farouche depuis le massacre de Stockholm, ne gardait plus de mesure avec ses sujets ; il étendait indifféremment son autorité sur les biens, et même sur la vie des

Danois, sans considération pour la dignité
des personnes, et sans égards pour les lois,
ni pour les priviléges du pays. Il avait fait
mourir, sur de faibles soupçons et sans aucune formalité, plusieurs gentilhommes, et
il n'avait pas moins offensé les évêques et tout
le corps du clergé par les louanges qu'il donnait publiquement au docteur Luther, qui
sous prétexte de blâmer les abus qui se commettaient en Allemagne dans la publication
des indulgences, condamnait hautement les
richesses et la puissance temporelle des ecclésiastiques.

La cour de Rome se servait ordinairement
en Saxe des religieux Augustins pour publier
les indulgences, ce qui leur procurait beaucoup d'autorité, et même un intérêt considérable. Les Jacobins, sous le pontificat de
Léon X, leur enlevèrent cette commission.
Ces religieux, pour se faire valoir dans leur
nouvel emploi, et peut-être pour porter plus
loin que n'avaient fait les Augustins le produit de leur mission, exagéraient dans leurs
sermons les vertus et l'efficacité des indulgences en des termes qui ne convenaient ni à
l'intention de l'église, ni à l'esprit de la bulle

dont ils étaient porteurs. D'ailleurs ces sortes
de collecteurs menaient une vie peu régulière.
On prétend qu'ils tenaient leurs bureaux
dans des cabarets , qu'ils y dépensaient souvent en festins l'argent qui provenait de la
piété des fidèles , et que le peuple , par dévotion, s'épargnait sur ses propres nécessités.

Martin Luther, religieux augustin , docteur
et professeur dans l'université de Würtem-
berg , sous prétexte d'être touché de ces désordres , mais en effet pour venger ses confrères, commença à invectiver dans ses sermons contre l'abus que ces quêteurs faisaient
de leur pouvoir. C'était un homme savant ,
éloquent, plein de feu , hardi et opiniâtre ,
entêté de sa science et de ses opinions , uniquement sensible à cette sorte de gloire que
l'on acquiert par des sentimens nouveaux,
intrépide et incapable de se rétracter jamais.
Il se contenta d'abord de prêcher contre la
manière peu édifiante dont on publiait ces
graces extraordinaires ; mais ayant été aigri
par les injures et les menaces des Jacobins,
il remonta jusqu'à l'origine et aux fondemens
des indulgences.

Il publia des opinions nouvelles sur la matière de la justification, de la rémission des péchés, de la pénitence, et du purgatoire ; il attaqua ensuite l'autorité du pape, d'où ses adversaires tiraient les principales preuves en faveur des indulgences.

Il enseigna dans ses écrits, et il prêcha dans ses sermons, que la foi seule justifiait, que la pénitence consistait uniquement dans une douleur sincère, et que la confession était un détail inutile de ses fautes ; que pour obtenir la rémission de ses péchés, il suffisait de croire avec une foi vive qu'ils nous étaient remis ; que les indulgences n'étaient ni de conseil ni de précepte, et qu'elles étaient également inutiles en ce monde et en l'autre ; que le purgatoire n'était qu'une invention moderne des moines pour tirer de l'argent du peuple ; que la messe n'était point un sacrifice, qu'elle était inutile aux morts, et qu'on devait la célébrer, et toutes les prières de l'église, en langue vulgaire ; et sur-tout qu'on devait rendre au peuple la communion sous les deux espèces.

Le pape alarmé de ces opinions nouvelles, qui semblaient exposer à l'examen des peuples la nature et l'étendue de sa puissance, crut étouffer tout d'un coup une doctrine si dangereuse, en condamnant Luther comme hérétique ; et il fit même solliciter puissamment l'électeur de Saxe par Jérôme Aléandre, son nonce, de lui livrer ce moine séditieux, afin de le faire punir comme un perturbateur de la religion.

Luther, pour se défendre contre la cour de Rome, et pour intéresser le duc de Saxe et tous les magistrats séculiers dans sa défense, publia de nouveaux ouvrages aussi contraires à la puissance du pape qu'ils étaient favorables aux princes souverains. Il écrivit contre le célibat des prêtres et contre les vœux monastiques. Il enseignait qu'il n'y avait point d'autres vœux qui pussent obliger les chrétiens que ceux du baptême. Il invectivait contre la hiérarchie qu'il prétendait être une domination tyrannique : il se déchaînait sur-tout contre la corruption de la cour de Rome, et contre les richesses excessives de l'église : il exhortait, dans ses livres et dans ses sermons, les princes souverains à se rendre maîtres des fonds et de tous les biens des évêchés, des abbayes et des monastères, si ce n'est que les évêchés fussent érigés en principautés séculières, et dans ce cas il exhortait l'évêque à se marier, et à ne point souffrir dans les terres de ses dépendances, des gens qui, sous le prétexte spécieux du célibat, s'attachaient à une puissance étrangère. Il voulait qu'on changeât les couvens en des écoles publiques ou en des hôpitaux ; qu'une partie des grands biens de ces maisons fût appliquée à l'entretien des pasteurs, des recteurs, et des officiers qui seraient chargés du soin des malades, des pauvres et des orphelins, et que le reste fût employé par le prince aux besoins de l'état, et au soulagement du peuple.

Ces dernières opinions firent plus de sectateurs à Luther que les premières propositions qu'il avait avancées sur la matière obscure et épineuse de la justification et du mérite des bonnes œuvres. Plusieurs princes en Allemagne s'emparèrent, sous prétexte de cette doctrine, des biens ecclésiastiques qui étaient à leur bienséance. Le roi de Danemarck usurpa à leur exemple une partie des biens de l'archevêché de Lunden, comme s'il eût déjà fait profession ouverte de cette nouvelle religion.

Le clergé de Danemarck, pour se venger de la dureté de son règne, et peut-être même pour disposer le peuple à la révolte, fit courir une prophétie de Sainte Brigitte, qui marquait qu'un roi de Danemarck serait chassé de ses états, à cause de ses cruautés. Tout le monde faisait avec plaisir l'application de cette prophétie à Christiern. Mais ce prince l'ayant apprise, s'en moquait publiquement. Il disait à ses courtisans que cette dévote écrivait régulièrement tous les matins les songes de la nuit, qu'elle prenait pieusement pour des révélations. Il affectait de railler sur le chapitre de cette Sainte, soit par indévotion, ou, ce qui est plus vraisemblable, pour décrier par ces mépris affectés, une prédiction qui, vraie ou fausse, pouvait toujours produire des effets dangereux dans l'esprit des peuples.

Ce prince vit bien cependant que, parmi le mécontentement général de tous ses sujets, il ne pouvait pas s'éloigner de Copenhague, ni se défaire de ses troupes sans s'exposer à une révolte : il écrivit au vice-roi de Suède de faire marcher son armée pour remettre les mutins dans le devoir, et il fit dire en même temps à Gustave qu'il ferait mourir sa mère et sa sœur dans les plus cruels tourmens, s'il apprenait qu'il était encore à la tête des rebelles.

Gustave, sans s'alarmer de ces menaces, s'avançait toujours suivi de ses Dalécarliens ; il passait indifféremment au fil de l'épée tous les Danois qu'il rencontrait et même les Suédois qui étaient dans leur parti ou dans celui de l'archevêque. Ses troupes grossissaient tous les jours pendant sa marche. Il se vit en peu de temps une armée de plus de quinze mille hommes, tous animés de son courage et de son ressentiment, et résolus de vaincre ou de mourir. Il leur fit prendre la route de la Westmanie. Le vice-roi s'avança de son côté à la tête de son armée jusqu'à la rivière de Bunerbec, dans le dessein de l'arrêter et de le combattre au passage de cette rivière.

Mais à peine fut-il arrivé au bord de ce fleuve, qu'il vit paraître Gustave de l'autre côté à la tête de sa cavalerie, et prêt à tenter le passage l'épée à la main. Le vice-roi n'eut pas plutôt reconnu la résolution de ce seigneur et la contenance de ses troupes, qu'il se retira avec précipitation, et abandonna lâchement un poste où il pouvait combattre avec avantage, soit qu'il se sentît incapable de donner les ordres nécessaires, et de commander dans le tumulte et la chaleur de l'action, ou qu'il n'osât se confier aux Suédois, qui étaient en grand nombre dans ses troupes. Il se retira d'abord dans le château de Westeràhs, qui était proche; cependant ne se croyant pas encore en sûreté si près de Gustave, et craignant d'être assiégé dans cette place, il y laissa la meilleure partie de ses troupes pour la défendre, et il retourna à Stockholm. Il s'enferma dans le château de cette ville, et il se plongea tout de nouveau dans les plaisirs, sans vouloir entendre parler d'affaires, comme si en se cachant, et en fermant les oreilles aux mauvaises nouvelles, il eût arrêté les progrès des ennemis.

Gustave profita de sa retraite; il fit jeter un pont sur la rivière, toutes ses troupes passèrent dessus sans aucun obstacle, et marchèrent en même temps du côté de Westeràhs, capitale de la Westmanie. Il était également dangereux de laisser derrière lui une place de cette importance, ou de s'y arrêter trop long-temps pour en former le siége : la plupart de ses troupes étaient composées de paysans peu propres pour ce genre de combat : il n'avait ni poudre ni canon, il y avait dans la place une garnison nombreuse et peu différente d'une armée, et la longueur et la difficulté d'un siége pouvaient rebuter les Dalécarliens, et ruiner ses desseins.

Pour se tirer de cet embarras, il résolut d'essayer, par une action hardie et par un stratagème, de réussir dans une entreprise qu'il croyait impossible par les règles ordinaires de la guerre ; il détacha ce qu'il avait de cavalerie sous la conduite de Laurens Erici, son lieutenant, avec ordre de s'avancer à la faveur des bois le plus près qu'il pourrait des portes de la ville ; il laissa Olaï, son autre lieutenant, avec la meilleure partie de son infanterie derrière une montagne proche le village de Ballunga, et il lui commanda de le suivre au petit pas : il prit ensuite les devans à la tête de trois mille hommes, comme si ces troupes eussent composé toute son armée.

Il parut sur le soir à la vue de la place, et il se retrancha aussitôt proche la chapelle de Saint-Olaüs avec toute la diligence et les pré-

cautions apparentes d'un homme qui craint
d'être attaqué, et qui fuit le combat; les Danois ayant aperçu le petit nombre de ses
troupes, détachèrent toute leur cavalerie,
comme il l'avait prévu, pour le charger. Gustave, après une légère résistance, se battit en
retraite pour gagner les défilés, et pour attirer insensiblement les ennemis dans le gros
de son infanterie qui s'avançait à son secours.
Les Danois, séduits par cette retraite, qu'ils
prenaient pour une fuite et une déroute, sor-
tirent en tumulte de Westeràhs pour avoir
part à la défaite d'un ennemi qu'ils croyaient
trouver en désordre et épouvanté. Il ne resta
dans la ville que ce qu'il y avait de troupes
suédoises dans leur parti, et la garnison danoise du château que le gouverneur empê-
cha de sortir.

Gustave, les ayant attirés assez loin de la
ville pour donner lieu à Erici d'exécuter ses
ordres, fit ferme. Il se mit l'épée à la main à
la tête de toute son infanterie qui l'avait joint,
et se tournant vers ses Dalécarliens avec un
air terrible, et qui semblait ne respirer que
la vengeance de la mort de son père : « Sou-
» venez-vous, mes amis, leur dit-il, de la

» cruauté et de l'avarice de nos tyrans, et
» vous verrez qu'il ne reste qu'à vaincre ou à
» mourir avant la servitude. »

Les Dalécarliens ne répondirent à ce discours que par mille cris pleins de fureur. Ils
firent d'abord pleuvoir une grêle de flèches
sur les Danois, ils se poussèrent ensuite l'épée
à la main au milieu de leurs bataillons. La
terre fut en peu de temps couverte de morts:
on se battait de part et d'autre avec toute la
fureur et l'opiniâtreté qui se trouvent entre
deux nations voisines et ennemies qui com-
battent pour l'empire et la liberté. Gustave
se trouvait partout, et en même temps qu'il
chargeait les ennemis comme le moindre de
ses soldats, il donnait ses ordres avec cette
présence d'esprit si rare et si nécessaire dans
ces occasions. Le combat se maintenait par le
courage et la valeur des deux partis : mais
comme il semble qu'il se rencontre toujours
plus d'ardeur dans des peuples qui se révol-
tent et qui prennent les armes pour recouvrer
leur liberté, les Suédois firent de si puissans
efforts que les Danois furent contraints de
plier et de songer à regagner les murailles de
Westeràhs.

Ils se retiraient cependant en bon ordre, lorsqu'ils se trouvèrent chargés par la cavalerie d'Erici, qui leur avait coupé le chemin. On recommença le combat, que la nécessité de vaincre ou de mourir rendait encore plus furieux. Les Danois, attaqués de tous côtés, reprirent du courage dans le désespoir de sauver leur vie, et ils combattaient comme des gens qui songeaient moins à se défendre qu'à tuer et à faire acheter leur mort par celle d'un ennemi; la plupart furent taillés en pièces, il y eut peu de prisonniers : le Dalécarlien impitoyable et acharné tuait tout, sans faire de quartier, et sans que ses officiers pussent l'arrêter.

La cavalerie d'Erici poursuivit les fuyards si vivement, qu'elle entra avec eux dans Westeràhs, à la faveur des Suédois qui étaient de la garnison et du parti des Danois, mais qui se déclarèrent pour Gustave, sitôt qu'ils le purent avec sûreté. Ces troupes ne furent pas plutôt dans la ville qu'elle se débandèrent à la faveur de la nuit, et coururent au pillage, sans que leurs officiers pussent les arrêter, ni même trouver un assez grand nombre de soldats pour poser des corps de garde, et pour prendre les précautions qui pouvaient assurer leur conquête ; ils se jetèrent en foule dans plusieurs maisons de marchands qui faisaient commerce d'eau-de-vie et de vins de liqueurs. Les Dalécarliens que commandait Gustave, ayant appris que leurs camarades étaient dans une si douce occupation, abandonnent leurs enseignes, et malgré leurs officiers, se jettent en foule dans la ville pour avoir part à une liqueur qui fait la première passion et les plus sensibles plaisirs de ces peuples septentrionaux.

Le gouverneur du château, ayant aperçu ce désordre, sortit à la tête de sa garnison pour charger les Suédois : ses soldats mirent d'abord le feu à plusieurs maisons, pour augmenter le tumulte et la confusion ; ils entrèrent ensuite dans la ville l'épée à la main, et ils tuèrent sans peine plusieurs Dalécarliens qu'ils trouvaient la plupart ivres, sans armes et sans défense. Gustave, ayant appris ce désordre, accourut aussitôt dans la ville ; il fut au désespoir de voir massacrer ses soldats, presque en sa présence, et sans en pouvoir trouver qui fussent en état de s'opposer aux ennemis. Il commanda à Olaï de se barricader

dans la principale rue , et de faire tête aux
Danois avec ce qu'il avait d'officiers et de vo-
lontaires auprès de lui , pendant que de son
côté il courait par toute la ville pour arrêter
le pillage et pour rassembler ses troupes qui
semblaient avoir disparu. La plupart de ses
soldats , cachés au fond des caves , et enseve-
lis dans le vin et dans l'eau-de-vie , fuyaient
presque également leur général et les ennemis. Gustave , suivi de ses gardes , descend
lui-même dans les caves et les celliers , brise
les tonneaux , répand les liqueurs et l'eau-de-
vie , et par cette précaution que les Dalécarliens trouvaient injuste et cruelle , il les arracha de ces lieux enchantés , et il repoussa
enfin les Danois jusque dans le château , plutôt encore par sa présence , que par les armes
de ses soldats.

(a) Il fit ensuite pressentir le gouverneur
du château , pour voir s'il serait disposé à
traiter de sa place ; mais l'ayant trouvé ferme
et inébranlable , il se contenta de bloquer cette
forteresse : il ne voulut ni hasarder une attaque qui aurait peut-être rebuté ses troupes ,
ni s'arrêter à former un siége , de peur de

(a) An 1521 , 29 avril.

donner aux Danois le temps de se reconnaître. Il fit faire seulement des lignes de contrevallation autour de cette place pour empêcher les sorties et les secours que l'on y eût pu jeter. Il prit le premier un pic pour remuer la terre ; il fut aussitôt suivi et imité par tous les officiers de son armée, et les bourgeois de la ville mêlés avec ses soldats y travaillèrent avec tant d'ardeur, qu'en moins de deux jours ils élevèrent ces retranchemens en quelques endroits de plus de vingt-quatre pieds de hauteur.

Gustave n'eut pas plutôt donné les ordres nécessaires pour empêcher qu'on ne jetât du secours dans cette place, qu'il se remit en campagne. Plusieurs seigneurs et gentilshommes, à la tête de leurs vassaux, se rencontrèrent sur sa route et se joignirent à ses troupes. Soixante-dix officiers suédois abandonnèrent tout d'un coup le parti du vice-roi, et se jetèrent dans l'armée de Gustave. On commença à regarder ces avantages comme le commencement d'une grande révolution. Il semblait que la prise de Westeràhs fût le signal dont on était convenu pour faire soulever toute la Suède. Arvide, seigneur considérable dans la

Gothie occidentale, Laurens Petri de Suder-manie, et Olaüs Bonde de Néricie, vinrent l'assurer que la noblesse et le peuple de leurs provinces n'attendaient que sa présence pour prendre les armes, et pour se déclarer en sa faveur : ceux même qu'un excès de timidité ou que la puissance et le voisinage des Danois retenaient encore en apparence sous leur do-mination, l'assistaient secrètement de leurs avis et de leur argent : tout le monde avait les yeux tournés sur lui et sur son mérite, et la dureté de la domination danoise lui attiraient les vœux de tous les Suédois.

Gustave, se voyant à la tête d'une armée et d'un parti si puissant, résolut de faire plu-sieurs entreprises en même temps, afin que le bruit et la nouvelle de ses conquêtes entraî-nassent tous les peuples dans son parti, sans que les Danois sussent où porter leurs armes. Il renvoya dans leurs provinces ces seigneurs qui l'étaient venu trouver, et il les fit ac-compagner par des détachemens de son armée qu'il leur donna pour commencer la guerre, et pour appuyer la révolte et le soulèvement des peuples. Arvide, par son ordre, assiégea le château de Wadstena, dans la Gothie

orientale ; Laurens Petri ; la ville de Nykiöpinc ; et Olaüs Bondé, Oerebro, capitale de
la Néricie. Olaï et Erici investirent en même
temps la ville d'Upsal. La place était grande,
fort peuplée, mais presque sans murailles, et
sans autre fortification que quelques tours
anciennes du côté de l'archevêché. L'archevêque, qui en était seigneur, y avait mis quelques troupes et un gouverneur, plutôt cependant pour faire voir aux habitans qu'il ne les
abandonnait pas, que dans l'espérance de conserver cette ville, si elle était attaquée. En effet
les soldats de la garnison n'eurent pas plutôt
aperçu les Dalécarliens l'épée à la main descendre dans le fossé, et prêts à monter à
l'assaut, qu'ils abandonnèrent le rempart,
après avoir fait leur décharge ; les Dalécarliens entrèrent sans résistance dans Upsal, et
corrigés par ce qui leur était arrivé à la prise
de Westerâhs, ils poursuivirent les Danois
sans s'arrêter au pillage : la plupart de la garnison fut taillée en pièces, et le gouverneur
en s'enfuyant reçut un coup de flèche, dont
il mourut peu de jours après.

(a) Gustave ayant appris que ses troupes

(a) An 1521, 18 mai.

étaient dans Upsal, s'y rendit en diligence ;
il conserva avec soin la maison et les biens de
l'archevêque, soit qu'il prétendît par ces
égards le rendre suspect aux ministres danois, ou le gagner et l'attirer dans son parti.
Il dépêcha ensuite un officier au consul de
Lubeck, pour lui faire part de l'heureux
succès de ses armes, et pour le faire souvenir
en même temps des secours qu'il lui avait pro-
mis de la part de la régence. Son agent représenta à ce magistrat de quel intérêt il était à
sa république et à toutes les autres villes anséatiques que la Suède fût toujours séparée et
ennemie du Danemarck ; que la régence de
Lubeck ne pouvait trouver de conjoncture
plus favorable pour rétablir les affaires de ce
royaume ; que Gustave s'était déjà rendu
maître de plusieurs grandes provinces, et
qu'il avait fait toutes ses conquêtes à la tête
des Dalécarliens, mais que ces paysans ser-
vant la plupart sans paie, servaient aussi sans
aucun engagement, et qu'il n'ignorait pas
que les peuples qui commencent une révolte,
et qui entreprennent la guerre avec le plus de
chaleur, sont ceux qui ordinairement s'en
lassent le plus promptement ; que son maître

avait besoin d'une flotte pour assiéger Stock-holm et les autres villes maritimes du royaume, et de quelques troupes réglées pour soutenir la guerre, et que ce seigneur espérait avec ce secours chasser bientôt les Danois de toute la Suède.

Le consul de Lubeck rendit compte de ses demandes à la régence : mais ces républicains trouvèrent que leurs intérêts avaient changé avec la fortune de Gustave : la rapidité des conquêtes de ce seigneur, son courage et le génie élevé qu'il faisait paraître, commençaient à les inquiéter, et Christiern au contraire cessait de leur être redoutable par la conduite violente qu'il tenait avec ses sujets.

L'agent de Gustave avançait peu dans sa négociation : heureusement il rencontra à Lubeck un ancien colonel allemand, appelé Étienne de Sassi, de ces gens qui font la guerre comme un métier, et qui sont toujours prêts à mettre leur vie en commerce, sans s'informer autrement du parti qu'ils embrassent. L'envoyé de Gustave traita avec lui au nom de son maître, et moyennant une somme d'argent dont ils convinrent, et sur laquelle ce Suédois lui fit des avances considérables, le colonel s'engagea de débarquer en Suède avant la fin du mois d'août, à la tête de douze cents hommes. L'agent de Gustave lui fit part aussitôt de ce traité, et il lui manda qu'il demeurait à Lubeck pour achever de déterminer la régence à se déclarer en sa faveur; mais il lui marqua en même temps qu'il apercevait qu'il n'aurait pas tant de peine à réussir auprès de ces républicains, si ses conquêtes n'avaient pas été si rapides, et si le succès de son entreprise leur paraissait encore douteux.

Gustave n'avait eu jusqu'ici qu'à se louer de la fortune, tout lui avait succédé au-delà même de ses espérances; il se voyait à la tête d'une armée considérable, avec laquelle il venait de se rendre maître de la moitié du royaume, le reste de la Suède n'attendait que sa présence pour se déclarer, lorsqu'au milieu de ses conquêtes il se vit abandonné tout d'un coup par la plus grande partie de ses troupes; les paysans lui demandèrent leur congé pour aller faire la moisson dans leurs provinces. Gustave, malgré la nécessité de ses affaires, ne put refuser des gens qui le servaient volontairement, et à qui il devait même toute son autorité; il consentit de bonne grace

à leur départ, sur la promesse qu'ils lui firent
de revenir même en plus grand nombre après
la moisson, et il ne se réserva pour sa garde
et pour la sûreté de la ville d'Upsal, qu'une
compagnie de cavalerie, et six cents hommes
d'infanterie, la plupart Dalécarliens, qui s'at-
tachèrent à sa fortune, et qui ne voulurent
jamais l'abandonner.

Il demeura à Upsal, qui était comme le
centre de ses conquêtes : de là il donnait les
ordres nécessaires dans les provinces qui s'é-
taient déclarées en sa faveur, et dans celles où
ses lieutenans faisaient la guerre pour lui : il
travaillait en même temps à désunir ses ennemis par des négociations secrètes, jusqu'à ce
qu'il fût en état de les réduire par la force.

L'archevêque lui était sur-tout redoutable
par le nombre de ses vassaux et de ses partisans ; il soutenait lui seul le parti de Christiern, par le crédit de sa maison, et par l'autorité qu'il avait sur le clergé. Il écrivait dans
les provinces, il faisait agir ses parens et ses
amis pour retenir les peuples sous l'obéissance
du roi de Danemarck. Gustave rencontrait
dans la personne seule de ce prélat un ennemi vigilant, et qui lui donnait plus de peine

que tous les Danois ensemble; il ne laissa pas
d'entreprendre de le détacher de leur parti; il
mit dans ses intérêts deux chanoines d'Upsal,
qui se flattaient d'avoir beaucoup de crédit
sur l'esprit de ce prélat. Gustave leur accorda
publiquement un sauf-conduit, sous prétexte
qu'ils demandaient à se retirer auprès de leur
archevêque, et il les chargea secrètement
d'une lettre qui était soumise et respectueuse,
et telle qu'il convenait pour flatter l'humeur
altière et fastueuse de ce prélat. Il le conjurait
dans sa lettre de vouloir bien ne plus s'opposer à la liberté de sa patrie; il lui offrait ensuite de la meilleure grace du monde de lui
rendre sa ville d'Upsal et tous ses biens, sans
exiger d'autre condition, sinon qu'il voulût
bien passer dans son parti et en être le chef,
et il l'assura que tout le monde déférerait avec
plaisir à ses ordres, et que pour lui il ne se
réserverait que la gloire d'exécuter ses avis et
ses conseils.

Les deux chanoines étant arrivés à Stockholm, présentèrent la lettre de Gustave à l'archevêque, et ils hasardèrent même de se louer
de sa modération pour pressentir le goût et
l'inclination de leur prélat. L'archevêque re-

jeta la lettre et leurs offices avec beaucoup de mépris et d'indignation ; la crainte que les Danois ne le soupçonnassent d'écouter ses propositions, lui fit porter aussitôt les lettres au vice-roi ; il lui livra en même temps les deux chanoines qui en étaient porteurs, et il demanda qu'on les fît mourir comme des traîtres et des espions.

Le vice-roi, qui ne savait répandre le sang de ses ennemis que lorsqu'il les trouvait désarmés, ne se serait pas fait grande violence pour lui donner cette satisfaction ; mais il craignait d'offenser le clergé, qui persévérait presque seul dans le parti des Danois ; il aperçut même que l'archevêque ne demandait leur mort avec tant d'empressement que pour éloigner le soupçon qu'on pourrait avoir qu'il fût capable d'entretenir quelque intelligence avec Gustave ; et d'ailleurs ces ecclésiastiques, épouvantés du péril où ils se trouvaient, lui protestèrent qu'ils ne s'étaient chargés de la lettre de Gustave que pour obtenir un sauf-conduit, et la liberté de sortir d'une ville qui n'était plus dans son parti ; ils détestèrent ensuite la rébellion de ce seigneur, avec des invectives et en des termes que la crainte de la mort rendait éloquens ; ils protestèrent de demeurer inviolablement attachés aux intérêts de Christiern, qu'ils reconnaissaient pour leur souverain légitime; et pour achever de se justifier, et d'apaiser le vice-roi et l'archevêque, ils leur dirent que les paysans avaient abandonné Gustave, et ils leur firent un rapport de l'état de la ville et des forces de ce seigneur, qu'ils diminuèrent encore, suivant le langage ordinaire des transfuges, pour faire leur cour, et pour être traités plus favorablement.

L'archevêque demanda avec empressement des troupes au vice-roi pour aller surprendre Gustave dans Upsal ; et il lui promit de le ramener prisonnier, ou du moins de le forcer à se sauver encore une fois dans les montagnes de Dalécarlie. Le vice-roi lui donna trois mille hommes d'infanterie et cinq cents chevaux, qui faisaient la meilleure partie de la garnison de Stockholm (a) : la marche de l'archevêque fut si prompte et si secrète, qu'il pensa surprendre Gustave dans Upsal ; ce seigneur ne fut averti de ses desseins que deux heures avant son arrivée : deux gentilshommes Sué-

(a) Loccenius, lib. VI.

dois (*a*), qui étaient encore en apparence
dans le parti de l'archevêque, mais que Gustave avait gagnés, se détachèrent secrètement,
et vinrent à toutes jambes l'avertir du péril
qu'il courait : comme la ville était grande et
ouverte de tous côtés, et que d'ailleurs les habitans étaient affectionnés à l'archevêque,
qui était leur seigneur, Gustave ne trouva
pas à propos, avec le peu de troupes qui lui
restait, d'entreprendre de défendre cette
place ; il fit aussitôt filer son infanterie vers
la forêt de Nostan, et il se mit à la queue
avec sa compagnie de cavalerie et ses gardes
pour assurer la marche.

A peine était-il sorti de la ville que l'archevêque y entra à la tête de toutes ses troupes ;
ce prélat n'eut pas plutôt aperçu Gustave qui
se retirait, qu'il le fit pousser par toute sa cavalerie ; les Danois l'atteignirent au gué de
Lateby ; son infanterie, déjà effrayée d'une
retraite précipitée, se débanda à la vue des
ennemis : ses cavaliers mêmes, quoique re-
tenus par sa présence, avaient une contenance
mal assurée : tout le monde se pressait d'a-
vancer et de gagner la forêt. Son écuyer, em-

(*a*) Suart, Onegrat.

porté dans ce désordre par un cheval fougueux, vint tomber sur lui et le renversa dans l'eau, ses gardes le remontèrent. Gustave, sans s'étonner du péril ni du nombre des ennemis, fit ferme à la tête de ses gardes ; ce brave homme, remarquable par sa taille avantageuse et par son air intrépide, soutint presque seul, dans ce passage, tout l'effort des Danois pendant que ses troupes gagnaient la forêt ; il ne les vit pas plutôt en sûreté qu'il se retira, malgré le grand nombre de ceux qui le chargeaient. Il ne perdit dans cette occasion que dix ou douze cavaliers, et ce fut tout l'avantage que l'archevêque tira d'une occasion, où la fortune et le désordre des troupes de Gustave lui avaient offert une victoire entière.

Le péril que ce prélat lui avait fait courir, ne fit que rallumer son courage et son ressentiment ; il fit dessein de le surprendre à son tour ; il rappela une partie des troupes qu'il avait données à Arvide, et il leur envoya ordre de se jeter dans les bois qui se trouvaient sur le chemin de Stockholm à Upsal ; il reçut en même temps les troupes allemandes, commandées par le colonel de Sassi.

La plupart de ses amis, alarmés du péril qu'il avait couru dans cette occasion, se rendirent en diligence auprès de lui ; la haine qu'on portait à Christiern, et la crainte de retomber sous sa puissance, rendaient la personne de Gustave extrêmement chère à tous les Suédois : ce seigneur se vit en peu de jours une armée nouvelle, et capable de tenir la campagne ; il campa proche le château de Rimning, où il se retrancha, comme s'il n'eût eu que les mêmes troupes, avec lesquelles il était sorti d'Upsal, et il prit toutes les précautions nécessaires pour cacher ses forces à l'archevêque, et pour l'entretenir dans l'excès de confiance et de présomption où il était par le petit avantage qu'il avait remporté.

Ce prélat, fier de l'avoir fait fuir, se mit en chemin pour retourner à Stockholm, comme Gustave l'avait prévu ; il marchait avec la même confiance que s'il eût mené son ennemi prisonnier à sa suite ; ses troupes donnèrent dans l'embuscade ; l'infanterie d'Arvide, qui était cachée dans les bois, parut tout-à-coup, et les chargea avec de grands cris. L'archevêque, qui ne craignait point d'ennemis où Gustave n'était pas, surpris d'une attaque imprévue, voulut rentrer dans Upsal, mais il trouva ce seigneur à son chemin, qui pendant sa marche s'était jeté entre la ville et ses troupes : la terreur se répandit parmi les Danois qui se voyaient pris en tête et en queue ; les uns voulaient avancer du côté de Stockholm, et les autres espéraient trouver plus de facilité à rentrer dans Upsal ; chacun dans ce désordre croyait la résistance et le péril moins grand où il n'était pas, et il rencontrait partout l'ennemi et la mort ; la plupart des Danois furent taillés en pièces, le reste chercha son salut dans la fuite : à peine l'archevêque, qui s'était vanté de prendre Gustave prisonnier, put-il ramener la sixième partie des troupes que le vice-roi lui avait confiées.

Gustave rentra dans Upsal à la tête de ses troupes victorieuses ; et voyant qu'il n'y avait plus de mesures à garder avec l'archevêque, il fit abattre une tour qui servait d'ornement et de forteresse dans l'archevêché, afin d'empêcher les Danois dans la suite de s'y pouvoir loger.

La doctrine de Luther commença en ce temps-là à s'introduire dans la Suède, et

parmi les troupes de Gustave. Les soldats allemands l'y portèrent d'abord, mais ils ne la
firent connaître que par la licence où ils vivaient, et par le mépris qu'ils faisaient paraître pour les religieux et pour tout l'ordre
ecclésiastique. Les deux frères Laurent et
Olaüs Petri, de la province de Néricie, répandirent ensuite cette doctrine avec beaucoup de succès. Ils avaient tous deux étudié
sous Luther dans l'université de Wurtem-
berg; ils apportèrent en Suède sa doctrine et
ses écrits, et ils les publièrent avec tout le
zèle et la chaleur que l'on a toujours pour les
opinions nouvelles, sur-tout quand on se
flatte de combattre d'anciennes erreurs, et
d'établir la vérité.

Laurent Petri, qui était naturellement timide, découvrait ses sentimens avec beaucoup de retenue et de précaution; il se contentait de répandre secrètement les livres de
Luther, et d'en conférer avec ses amis particuliers : mais Olaüs, qui était hardi et éloquent, prêchait publiquement le luthéranisme dans l'église de Strengnàz, dont il était
chanoine et protonotaire; il invectivait dans
ses sermons contre l'abus que le clergé et les

religieux faisaient de leur puissance et de leurs richesses, et il était écouté d'autant plus favorablement qu'on n'ignorait pas que l'ambition des évêques avait causé tous les malheurs de la Suède.

Il fit ensuite des conférences, il afficha des thèses à Upsal, il disputait tous les jours dans l'université de cette ville : enfin il n'oublia rien pour répandre la doctrine de son maître pendant le désordre et le trouble des guerres civiles, temps toujours favorable au changement ou à l'établissement des nouvelles religions. La jeunesse, avide et toujours la dupe des nouveautés, embrassa avec ardeur ces opinions. Il gagna la plupart des professeurs et des écoliers de l'université, qui se firent à leur tour un mérite de devenir les ministres et les hérauts de cette doctrine : tout le monde voulait être instruit de ces nouvelles opinions. La doctrine de Luther passa insensiblement de l'école dans les maisons des particuliers; les familles se partagèrent; chacun prenait parti selon ses lumières et son inclination; les uns défendaient la religion catholique, parce que c'était la religion de leurs pères, et la plupart s'y attachaient par le seul mérite de son antiquité ; les autres se plaignaient des abus que l'avarice du clergé avait introduits dans l'administration des sacremens, et ils attaquaient ces abus avec d'autant plus d'ardeur, qu'ils trouvaient leur intérêt à les décrier ; les femmes mêmes entraient dans ces disputes, soit par vanité, ou de bonne foi, et par une crainte excessive de n'être pas dans la bonne voie ; tout le monde s'érigeait en juge de controverse : ce qui était resté d'évêques en Suède depuis le massacre de Stockholm, plus attentifs aux conquêtes de Gustave qu'aux soins qu'ils devaient à leurs diocèses, négligèrent ces mouvemens et le progrès du luthéranisme. Gustave, de son côté, dissimulait ces nouveautés, soit qu'il regardât ces disputes comme le fruit du loisir de quelques théologiens, ou peut-être qu'il ne fût pas fâché que dans un royaume où les évêques lui étaient si opposés, il s'élevât au milieu même du clergé un parti qui faisait profession de condamner la puissance temporelle et les grands biens de ces prélats.

Gustave, après la fuite de l'archevêque, réunit toutes ses troupes qui étaient partagées en différens petits corps d'armée, et marcha droit à Stockholm : il ne prétendait pas encore en former le siége, n'ayant pas de flotte pour en fermer le port, mais il en fit seulement approcher son armée pour tenter si la consternation où étaient les Danois de la défaite de l'archevêque, ne donnerait point lieu aux amis qu'il avait dans la place d'entreprendre quelque chose en sa faveur. Le vice-roi et l'archevêque, peu assurés de la fidélité des bourgeois, et craignant de tomber entre les mains de Gustave, résolurent de se sauver pendant qu'ils avaient encore la mer libre. Ils confièrent le gouvernement de la place à un ancien officier qui commandait la garnison, et ils se retirèrent avec précipitation en Danemarck, sous prétexte, disaient-ils, de hâter le secours que Christiern leur faisait espérer tous les jours. Ce prince faisait, à la vérité, tous ses efforts pour faire passer une armée en Suède ; mais les Danois, effrayés du massacre de Stockholm, détestaient son entreprise et son gouvernement, et lui refusaient toute sorte de secours, sous prétexte qu'ils étaient épuisés par la longueur de la guerre.

Gustave fut ravi d'apprendre que ces deux

prélats fussent passés en Danemarck ; le vice-
roi semblait lui abandonner le royaume par
sa fuite, et la retraite de l'archevêque le dé-
faisait d'un ennemi toujours redoutable par
son crédit sur le clergé. Cependant le gouverneur mit un si bon ordre dans Stockholm,
que les bourgeois ne se virent pas en état
d'entreprendre rien en faveur de Gustave. Ce
seigneur reçut en même temps un courrier
d'Arvide, qui lui mandait qu'il s'était rendu
maître des châteaux de Wadstena, de Hova,
et de Skeninge dans la Gothie orientale ; qu'à
l'approche seule de ses troupes, les villes de
Linkiòping, de Norkiòping et de Soderkiò-
ping avaient pris les armes, et chassé les Danois, et qu'il marchait pour assiéger le château de Stegeborg, où le colonel Bernard de
Milen, allemand de nation, s'était enfermé
avec son régiment.

De si heureux succès furent balancés par
les tristes nouvelles que Gustave reçut de la
mort funeste de sa mère et de sa sœur. Christiern, irrité de ses conquêtes, dont la fuite
du vice-roi et de l'archevêque ne le rendaient
que trop certain, fit jeter cruellement ces
dames dans la mer, enfermées dans un sac, et

il ordonna en même temps aux officiers danois, qui commandaient dans les places qui lui restaient en Suède de faire périr tous les Suédois qui étaient encore dans ses troupes, comme autant de traîtres qui étaient aux gages de son ennemi ; ce qui fut exécuté avec beaucoup d'inhumanité, sur-tout par le gouverneur d'Abo, capitale de la Finlandie, qui fit mourir plusieurs gentilshommes finlandais de son gouvernement.

Gustave fut sensiblement touché de la mort de sa mère et de sa sœur ; il fit publier dans son armée et dans tous les lieux qui reconnaissaient son autorité, qu'on massacrât sans quartier tous les Danois qu'on pourrait prendre ; et il fit cette ordonnance pour rendre Christiern par ces représailles encore plus odieux à ses sujets mêmes : il laissa la plupart de ses troupes autour de Stockholm, dont elles formaient le blocus sous les ordres du colonel de Sassi et de Fredage, et il se rendit ensuite dans la Gothie orientale, qui, autant par l'habileté que par la valeur d'Arvide, venait de se déclarer presque tout entière contre les Danois. Gustave mit des garnisons dans toutes les villes qui avaient pris son parti ; il fit rétablir en diligence les anciennes fortifications, il en ordonna de nouvelles dans tous les lieux qui en avaient besoin ; il établit dans ces places pour gouverneurs des gens pleins de zèle pour leur patrie, et la plupart proscrits par Christiern. Toute la noblesse de la province se rendit auprès de lui pour lui offrir ses services, et pour le féliciter sur l'heureux succès de ses armes. Il n'y eut que l'évêque de Linkiöping qui, chagrin et incertain parmi une si prompte et si heureuse révolution, s'enferma dans son château de Munquebode, sans oser encore se déclarer en faveur de Gustave.

C'était ce même prélat qui avait heureusement échappé du massacre de Stockholm : le péril qu'il avait couru dans cette occasion lui faisait envisager tous les partis opposés à Christiern comme des précipices ; toutes les conquêtes de Gustave ne le pouvaient rassurer ; il se persuadait même qu'il ne pourrait jamais soutenir la guerre contre un monarque aussi puissant que le roi de Danemarck, et il croyait voir à tous momens ce prince rentrer en Suède à la tête d'une armée formidable, et traiter Gustave et ses partisans comme il avait fait le sénateur Eric Vasa son père et les autres sénateurs. Ce prélat exhortait ses peuples de vive voix, et même par écrit, à ne point prendre part aux mouvemens qui agitaient le royaume ; et il n'agissait avec tant d'éclat que pour avoir plus de témoins qui pussent déposer un jour qu'il avait persévéré constamment dans le parti du Danemarck.

Gustave, indigné de la faiblesse et de la lâcheté de ce prélat qui, au milieu d'une province dont il était maître, n'osait encore se déclarer contre les Danois, marcha vers son château à la tête d'une partie de ses troupes, dans le dessein de le faire expliquer, et de le chasser de sa place, si, après les mauvais traitemens qu'il avait reçus de Christiern, il tenait encore son parti. L'évêque, averti de la colère et de la marche de Gustave, sortit au-devant de lui avec les principaux de son clergé ; il n'oublia pour l'apaiser ni louanges, ni protestations de fidélité. Il était de l'intérêt de ce seigneur de s'assurer du château de ce prélat, qui était fortifié ; mais il n'osa y mettre garnison, dans la crainte que ceux même de son parti ne l'accusassent de violer les privi-léges du clergé dans la personne d'un évêque qu'on ne pouvait accuser d'avoir pris les armes, et qui avait volontairement ouvert les portes de son château. Gustave se contenta de faire une sévère réprimande à ce prélat, qui de son côté se trouva bien heureux d'en être quitte pour quelques sermens de fidélité, qu'il était bien résolu de ne garder qu'autant que la présence et les armes de Gustave l'y contraindraient.

Ce conquérant ayant mis un si bon ordre dans toutes ses conquêtes, convoqua solennellement les états généraux du royaume à Wadstena pour donner quelque forme au gouvernement, et sur-tout pour établir et pour y faire reconnaître son autorité, qu'il ne tenait que de son épée et de l'élection de quelques paysans de la Dalécarlie.

(a) Il se trouva dans cette assemblée peu de députés des provinces; le meurtre et le massacre de la première noblesse, la différence des partis, le désordre de la guerre, la marche des troupes, et la crainte même de quelque nouvelle révolution en faveur de Christiern, empêchèrent la plupart des députés de s'y rendre. L'assemblée ne fut presque com-

(a) An 1521, 24 août.

posée que d'officiers de guerre et de plusieurs gentilshommes proscrits par les Danois, et qui s'étaient jetés dans l'armée de Gustave comme dans un asile; tout l'état était pour ainsi dire dans cette armée. Gustave leur représenta avec beaucoup de grace et d'éloquence la nécessité d'élire un administrateur qui fût capable de donner le dernier coup à la tyrannie des Danois; que ce qu'il y avait de troupes de cette nation dans le royaume étaient plutôt cachées que fortifiées dans les places qui leur restaient; qu'il fallait presser des ennemis épouvantés, et achever de les vaincre par leur propre crainte. Il leur dit ensuite avec beaucoup de générosité qu'il ne prétendait point que ses services contraignissent leur choix; qu'il serait le premier à reconnaître celui d'entre eux qu'ils voudraient élire, et que, dans quelque rang qu'on le plaçât, il se tiendrait toujours heureux de combattre, et d'exposer sa vie pour la défense de sa patrie.

Les états ne répondirent à ce discours que par les éloges et les applaudissemens qui étaient dus à sa valeur et à sa modération : ce qu'il y avait de gentilshommes et d'officiers dans les états, étaient également attachés à sa personne et à sa fortune ; ils ne subsistaient que de ses bienfaits, et il n'y avait même de sûreté pour eux en Suède que dans son armée ; toute l'assemblée conjura ce seigneur de se charger du soin du gouvernement : on voulut même lui déférer la qualité de roi, afin de l'intéresser plus efficacement à la défense de la patrie ; mais il refusa constamment ce titre, et il se contenta, à l'exemple de ses prédécesseurs, de la qualité d'administrateur, comme plus modeste et même plus convenable à l'état de sa fortune et à la disposition présente du royaume. Tous les membres des états lui prêtèrent le serment de fidélité, et il fut reconnu et publié à haute voix dans les états et dans l'armée pour gouverneur général et pour souverain administrateur de la Suède.

FIN DU TOME PREMIER.

TABLE ALPHABÉTIQUE

DES MATIERES

A

ses intérêts contre l'administrateur de Suède, p. 81. Il part pour la cour de Suède, p. 82. Sa négociation en Suède avec l'administrateur, p. 83. Arcemboldi, par son discours, fait soupçonner à l'administrateur qu'il était gagné par ses ennemis, *ibid.* L'administrateur lui permet de distribuer dans le royaume des indulgences dont ce prélat était chargé, p. 84. Il amasse des sommes immenses dans la Suède, que l'administrateur lui permet de faire sortir du royaume, p. 85. Il découvre à l'administrateur les desseins du roi de Danemarck, ses liaisons avec le clergé de Suède, et la trahison des deux gouverneurs des châteaux de Stockholm et de Nykiòpinc, p. 86, 87. Il repasse en Danemarck, et témoigne au roi son chagrin sur le peu de succès de sa négociation, p. 87. Le pape lui ordonne de repasser en Suède et de menacer de sa part l'administrateur de l'excommunier, p. 102. Il n'oublie rien pour engager ce prince à donner satisfaction au pape, *ibid.* L'administrateur lui offre l'archevéché d'Upsal, p. 104. Il blâme la conduite de l'archevêque contre les ordres qu'il avait reçus du

B

C

lités, p. 60. Il pense à monter sur le trône de Suède, *ibid*. Ce qu'il fit pour y arriver, p. 61. Il voit avec chagrin la mission du légat Arcemboldi, et pourquoi, p. 79. Il tâche de s'en servir pour réussir dans les desseins qu'il avait sur la Suède, *ibid*. Christiern, ébloui des belles paroles d'Arcemboldi, lui fait part de ses desseins, p. 81. Il lui avoue qu'il était assuré des châteaux de Stockholm et de Nykiòpinc, *ibid*. Christiern ordonne secrètement à son amiral d'insulter, sur quelque prétexte, les premiers vaisseaux suédois qu'il rencontrerait, p. 88. Le pape Léon X ayant fulminé une bulle d'excommunication contre le royaume de Suède, en confie l'exécution à Christiern, p. 106. Ce prince, en vertu de la bulle du pape, entre en Suède à la tête de son armée, et met d'abord tout à feu et à sang, p. 107. Pour donner une couleur de justice à ses cruautés, il fait afficher la bulle du pape dans tous les endroits où il commet ses violences, *ibid*. Il met le siége devant Stockholm, *ibid*. Il s'opiniâtre à continuer le siége contre l'avis de ses capitaines, p. 108. Il lève le siége crai-

inutilement, p. 115. Il commande secrètement de s'en défaire, p. 116. Sur les remontrances d'un officier danois, il se contente de le faire enfermer dans le château
de Copenhague, *ibid.* Christiern prend la
résolution de faire la campagne suivante de
si grands efforts, qu'il puisse accabler l'administrateur, p. 118. Il fait saisir par ses
officiers l'argent du légat Arcemboldi,
p. 119. Il fait même arrêter le légat avec
tous ses effets, *ibid.* Il fait de nouvelles levées, et met des impôts extraordinaires
dans son royaume sans la participation des
états, p. 120. Il obtient de François Ier,
roi de France, quatre mille hommes d'infanterie, p. 121. Il nomme pour général
de ses troupes Othon Crumpein, n'osant
pas quitter Copenhague, *ibid.* Ce général
lui fait savoir le succès de ses armes, p. 131.
Christiern en paraît chagrin, et pourquoi,
p. 132. Il écrit des lettres pleines de reconnaissance à Othon, et lui mande, pour le
contenir dans le devoir, qu'il passera en
Suède au printemps à la tête d'une puissante armée, *ibid.* Il envoie plusieurs vaisseaux chargés de sel, qui était rare et fort

Norbi, et confie le gouvernement de l'état à l'archevêque d'Upsal, p. 148. Il renvoie en Danemarck le général Othon qui lui était suspect par ses victoires, *ibid*. Il repasse en Danemarck, sur l'avis qu'il reçoit que sa présence est nécessaire à Copenhague, *ibid*. Le sénat et les principaux seigneurs du royaume souf•ent impatiemment que Christiern augmente son autorité, *ibid*. Il résout de faire périr, pour la sûreté de sa conquête, tout le sénat de Suède et les plus grands seigneurs du royaume, p. 152. Il veut se servir pour cet effet du prétexte de l'excommunication, et faire revivre l'affaire de l'archevêque d'Upsal, p. 153. Il congédie les troupes françaises qu'il avait à son service; le mauvais traitement qu'il leur fait, *ibid*. Il se dispose à repasser en Suède, afin de se trouver aux états qu'il avait convoqués pour la cérémonie de son couronnement, p. 154. Il s'y fait accompagner par deux prélats sénateurs, et pourquoi, *ibid*. Il s'embarque pour la Suède accompagné de la reine son épouse, p. 155. L'ambassadeur de l'empereur Charles Quint lui apporte

dans le château , p. 162. Il abandonne Stockholm à la fureur de ses troupes , p. 164. Il fait déterrer le corps de l'admistrateur, p. 165. Il ordonne qu'on noie la veuve de l'administrateur , p. 166. Son avarice lui fait changer de dessein ; il la condamne à une prison perpétuelle, p. 167. Il change la forme du gouvernement, accable le peuple d'impôts, et menace les paysans de leur faire couper un pied et une main, p. 168. Il nomme Théodore , archevêque de Lunden , pour vice-roi en son absence , et Théodore et l'évêque d'Odensée aux riches évêchés de Strengnàz et de Skara , *ibid.* Il met la tête de Gustave à prix , p. 169. Il retourne en Danemarck avec l'exécration du peuple , *ibid.* On massacre, par son ordre, plusieurs seigneurs dans leurs châteaux , *ibid.* Il apprend les mouvemens de Suède avec chagrin ; mais il n'ose y passer lui-même , ni se défaire des troupes qu'il avait en Danemarck , p. 195. Il est également en horreur à la noblesse et au clergé , *ibid.* Il usurpe une partie des biens de l'archevêché de Lunden , p. 200. Application à Christiern d'une prophétie de sainte Bri-

D

E

F

G

fuite, court après, et le joint à Lubeck, *ibid.*
Gustave demande du secours à la régence
de Lubeck, p. 135. La régence n'ose pas
se déclarer contre le roi de Danemarck, qui
avait une puissante flotte, p. 136. Le consul de Lubeck assure Gustave que, s'il peut
former un parti, la régence se déclarera
en sa faveur, *ibid.* Gustave débarque proche Calmar ; il entre dans cette ville et se
fait connaître au gouverneur et aux principaux officiers de la garnison, p. 138. Ces
étrangers, le voyant sans troupes et sans
suite, le menacent de le tuer ou de le livrer
à Christiern, s'il ne se retire, *ibid.* Les Danois mettent quantité de monde en campagne pour l'arrêter ; il s'habille en paysan
et passe dans un chariot chargé de paille
au travers de tous les quartiers de l'armée,
p. 139. Ses parens et ses amis refusent
d'entretenir avec lui aucune correspondance, *ibid.* Il cherche à faire soulever les
paysans, qui refusent de le suivre, p. 140.
Se voyant abandonné, il se résout à tenter
de se jeter seul dans Stockholm, p. 141.
Les Danois pensent le surprendre, *ibid.*
Gustave veut se cacher dans le couvent des

trahit, p. 181. La femme de ce gentilhomme avertit Gustave de la perfidie de son mari ; elle le fait sortir la nuit de sa maison, et le fait conduire chez un curé de ses amis, p. 183. Ce curé ne conseille pas à Gustave d'avoir recours ni de se confier davantage à la noblesse de Dalécarlie, mais de s'adresser directement aux paysans, p. 184. Les moyens dont ils conviennent pour disposer insensiblement le peuple à la révolte, p. 185. Gustave se rend à Mora ; il harangue l'assemblée, p. 186. On prend les armes, et ces paysans prient Gustave de les commander, p. 188. Gustave forme un corps de quatre cents hommes et les mène droit contre le gouverneur de la province, p. 190. Son château est emporté par escalade, et tout périt, à la réserve du gouverneur, qui est fait prisonnier, *ibid*. Le bruit et le succès de cette expédition font déclarer presque toute la province en sa faveur, et déterminent plusieurs gentilshommes suédois proscrits par Christiern à se jeter dans son armée, p. 192. Il fait soulever plusieurs provinces, *ibid*. Il grossit son armée par un grand nombre de paysans

soin du gouvernement; on veut même lui déférer la qualité de roi; il refuse ce titre, et se contente de la qualité d'administrateur, p. 234. Il est reconnu dans les états et dans l'armée pour gouverneur général et pour souverain administrateur de Suède, *ibid.*

H

Haquin, roi de Norwège, p. 19.

I

Indulgences. Les Augustins publiaient ordinairement en Saxe les indulgences, p. 196. Les Jacobins, sous le pontificat de Léon X, leur enlèvent cette commission, *ibid.* Ils exagèrent les vertus et l'efficacité des indulgences, *ibid.* Ils dépensent en festins et en excès l'argent qui en provient, p. 197. Luther prêche premièrement contre la manière peu édifiante dont on publie les indulgences, *ibid.* Aigri par les injures et les menaces des Jacobins, il remonte jusqu'à l'origine et aux fondemens des indulgences, *ibid.*

J

L

M

Magnus Smeck entreprend de se rendre absolu dans la Suède et d'abolir entièrement le sénat, p. 19. Il est chassé de la Suède par ses sujets, 20.

Marguerite. Les états de Norwége défèrent à Marguerite la régence du royaume et la tutelle du prince Olaüs son fils, 22. Après la mort du jeune prince elle est élue dans les états pour souveraine, *ibid.* Son père Waldemar, roi de Danemarck, étant mort sans laisser de princes, elle envoie des députés aux états-généraux du royaume pour y solliciter son élection, p. 23. Elle est proclamée reine de Danemarck, *ibid.* Portrait de cette princesse, 24. Les Suédois offrent la couronne à Marguerite, p. 25. Elle l'accepte, et pourquoi, *ibid.* Traité qu'elle fait avec les Suédois, qui la reconnaissent pour souveraine de la Suède, p. 26. N'ayant point d'enfans, et ne voulant point se marier, elle se désigne un successeur à la prière des Suédois, p. 28. Elle propose aux députés des trois royaumes, assemblés à

P

S

sons avec le clergé de Suède, p. 86. Sténon convoque le sénat, p. 88. Il tire habilement le gouverneur de Nykiòping de sa place, y fait entrer d'autres troupes, et y met un nouveau gouverneur, p. 86. Il fait arrêter les deux gouverneurs de Stockholm et de Nykiòping, qui avouent leur crime, *ibid.* Sténon convoque la noblesse et les milices du royaume, p. 91. Il assiége cet archevêque, p. 93. L'arrivée des Danois l'oblige à partager ses troupes, p. 95. Il défait les Danois, *ibid.* Il contraint Troll à lui abandonner son château, et à se présenter au sénat, qui lui instruit son procès dans les formes, p. 99. Sténon est menacé de l'excommunication s'il ne rétablit Troll sur son siége, p. 102. L'administrateur tâche d'engager le légat dans ses intérêts en lui offrant le riche archevêché d'Upsal, p. 104. Sténon et le sénat sont excommuniés par le pape, p. 105. L'administrateur marche droit au roi de Danemarck qui assiégeait Stockholm, défait son arrière-garde, prend les bagages, et fait plusieurs prisonniers, p. 109. Le roi de Danemarck lui ayant fait proposer une trève, il l'ac-

dans le parti de la veuve, p. 131. Othon investit Stockholm, *ibid.* Christiern somme la veuve de l'administrateur de la rendre, p. 143. Il en presse le siége, p. 144. Il entre par capitulation dans cette ville à la tête de quatre mille hommes, p. 147. La ville est abandonnée à la fureur des troupes de Christiern, p. 165.

SUÈDE. Le royaume était encore électif vers le milieu du quatorzième siècle, p. 7. Les plus proches parens du roi succédaient ordinairement, mais toujours en vertu d'une élection, *ibid.* Du pouvoir du roi de Suède, p. 8. Combien il était borné, *ibid.* En quoi consistait le domaine de la couronne, p. 9. Du sénat, de son autorité, et des seigneurs dont il était composé, p. 10. L'archevêque d'Upsal, primat de la Suède, était sénateur né, *ibid.* Les autres sénateurs étaient à la nomination du roi, *ibid.* Du clergé de Suède, de ses biens et de son pouvoir, p. 11. Des seigneurs et gentilshommes de Suède, p. 14. Ils défendaient leurs intérêts et vengeaient par les armes les torts qu'ils avaient reçus, p. 15. Des bourgeois des villes, et du peu d'autorité qu'avaient leurs

T

Théodore, archevêque de Lunden. Quel était ce prélat, p. 154. Il était redevable de son élévation à Sigebritte , p. 155. Christiern lui renvoie, et à l'évêque d'O-densée, la plainte de Troll contre ceux qui l'avaient forcé à renoncer à sa dignité , p. 158. Ces deux prélats font venir la veuve de l'administrateur pour rendre compte de la conduite du prince Sténon , p. 159. Christiern nomme Théodore, archevêque de Lunden, pour vice-roi en son absence, p. 168. Cet archevêque dépêche un courrier à Christiern pour lui apprendre le soulè-vement des provinces du nord, p. 194. Les troupes auxiliaires refusent d'obéir, p. 195. Théodore s'avance à la tête de son armée jusqu'à la rivière de Bunerbec, dans le dessein de combattre Gustave au passage de cette rivière, p. 202. Il abandonne lâche-ment ce poste, et se retire d'abord dans le château de Westeràhs, ensuite dans le châ-teau de Stockholm, p. 203. Il abandonne

Strengnàz et de Linkiòping vont trouver Troll pour l'exhorter à faire sa paix avec l'administrateur, p. 93. Il rejette leur avis, p. 94. Sa consternation de la défaite des Danois, p. 97. Les principaux officiers de sa garnison l'obligent à capituler, *ibid.* Il demande à faire lui-même sa composition avec l'administrateur, *ibid.* Troll se rend chez ce prince, qui le renvoie au sénat, p. 98. On instruit son procès, et il est condamné à se démettre de sa dignité d'archevêque et à passer le reste de ses jours dans un monastère, p. 100. Il envoie une de ses créatures à Rome pour protester de la violence qu'on lui a faite, et pour implorer la protection du saint-siége, p. 101. Troll, ayant appris la mort de l'administrateur, sort de sa retraite et reprend les marques de sa dignité, p. 126. Il convoque une assemblée des états à Upsal, p. 128. Il donne le titre de roi de Suède à Christiern au nom de cette assemblée, p. 129. Il prend des mesures avec Christiern pour faire périr les seigneurs suédois qui leur sont suspects, p. 156. Il fait la cérémonie du couronne-

W

IMPRIMERIE DE DEMONVILLE.